Cécile Wajsbrot

Mémorial

Cécile Wajsbrot

Mémorial

Roman

Aus dem Französischen von
Holger Fock und Sabine Müller

WALLSTEIN VERLAG

I

Die Schneeeule fliegt über die Tundra, durchdringt die Polarnacht auf ihrem lautlosen, weißen Flug, fliegt über Felsenmeere und eisige Schneefelder, Einöden, die der Mensch verschmäht, die er als feindlich einstuft oder die manchmal als Straflager gedient haben oder in der Vergangenheit ein paar Eremiten auf der Suche nach Ruhe und Abgeschiedenheit anlockten – sie fliegt über diese Einöden auf der Suche nach Beute.

Ihr Lebensraum in den Wüsten des Nordens, ihre Vorliebe für die kalten, eisfreien Meere, für die Küsten, wenn sie in harten Wintern nach Süden ausweicht, ihr Einzelgängertum, das sie von anderen Zugvögeln unterscheidet, vor allem aber ihr weißes Gefieder, das mit zunehmendem Alter immer reiner wird, die schwarzen Bänder, die dunklen Flecken allmählich verliert, die es überziehen, vor allem aber ihr weißes Gefieder, das nur ihr goldbrauner, zugleich starrer und durchdringender Blick unterbricht, verleiht ihr – ebenso wie ihre Seltenheit – etwas Geheimnisvolles und Unheimliches.

Sie liebt die kahlen Landstriche, die Vorgebirge, von denen aus sie die Umgebung überblickt, denn ungeachtet der Langsamkeit und der Anmut ihres Flugs, ihrer weiten Schwingen und der Harmonie ihres Flügelschlags ist sie ein Raubvogel, der den Horizont absucht, eine Art Hüter einer unveränderlichen Wüste, einer Jagd, die immer wieder von neuem unternommen wird. Sie sitzt allein, Nacht für Nacht, mag die Nacht auch manchmal hell sein, sie sitzt und hält Ausschau, stürzt sich auf ihre Beute. In Europa leben einige wenige Tausend, ebenso viele im hohen Norden Amerikas, im hohen Norden Asiens, mehr nicht – weltweit. Es ist wenig wahrscheinlich, dass eine Schneeeule im Lauf ihres Lebens anderen Eulenarten oder Käuzen begegnet – aber sie kann Ozeane überqueren und gewaltige Entfernungen zurücklegen.

Sie weiß ihr Revier gegen den Feind zu verteidigen, verbündet sich dazu gelegentlich mit anderen Schneeeulen, doch anschließend kehrt sie zu ihrer Lebensweise zurück, zur Jagd, zu einem Leben, das im Durchschnitt neun Jahre dauert.

Und die Bahnsteige füllten und leerten sich in einem fort, und die Leute strömten herbei, fuhren ab, geregelt von vielschichtigen Mechanismen, die vielleicht mit Migrantenströmen oder Reisewellen zusammenhingen, und jeder gelangte an einen zufälligen oder nach reiflicher Überlegung ausgewählten Bestimmungsort, von dem er jedoch trotz der Reisevorbereitungen, der gepackten Koffer und etlicher Verabredungen nicht genau wusste, was ihn dort erwartete.

Das Glasdach stammte aus dem letzten Jahrhundert, das heißt, aus dem vorigen Jahrhundert, schließlich mussten wir uns nun daran gewöhnen, uns für Abtrünnige zu halten, die von einem Ufer zum anderen unterwegs waren, die in einer anderen, weit zurückliegenden Zeit abgelegt hatten, um die Zukunft anzulaufen, eine Zukunft, von der wir ein Teil waren, die sich uns aber entzog, das Glasdach aus dem vorigen Jahrhundert also, das zwischenzeitlich zerstört, dann wieder restauriert worden war, ließ so, wie es jetzt aussah, nichts von den Ereignissen, den Zeiten ahnen, die es durchlebt und hinter sich hatte. Freilich war jeder zu sehr damit beschäftigt, auf den Zug zu warten und sein Gepäck zusammenzuhalten, um darauf zu achten, und diese Gleichgültigkeit ging unter im Getöse der Durchsagen, im Stimmengewirr, im Lärm der Rolltreppen, Motoren und Bremsen.

Ich war zu früh dran und wartete seit geraumer Zeit, zuerst auf die Bekanntgabe des Bahngleises, dann auf die Ankunft des Zuges, aber soeben hatte man eine viertelstündige Verspätung angekündigt, und die Fahrgäste, die geglaubt hatten, sie müssten sich beeilen, schlenderten jetzt langsam und ziellos den Bahnsteig auf und ab, wenn sie nicht standen und vor Ungeduld seufzten. Eine Viertelstunde ist eigentlich keine große Verspätung, aber es genügt, dass etwas dazwischenkommt, sich in den winzigen Zwischenraum schiebt, und schon fühlt man sich hilflos und verloren.

Ich betrachtete die anderen und versuchte anhand ihrer Gesichter, ihres Benehmens, der Größe ihrer Gepäckstücke und ihrer Sprache herauszufinden, ob sie bis zur Endstation mitfahren oder unterwegs aussteigen würden, ich versuchte festzustellen, welche Fahrgäste die Grenze passieren und welche auf dieser Seite bleiben würden und wer unter denjenigen, die sie passieren würden, von dort war und wer von hier. Unter ihnen waren Familien, eine Gruppe, die allem Anschein nach aus Schülern und ihren Lehrern bestand, einige Paare und Alleinreisende wie ich – vor allem Männer, als ob Frauen weniger häufig allein oder überhaupt weniger reisen würden.

Reisen, dachte ich, während ich diejenigen beobachtete, die nachsahen, wo sie ihre Fahrkarten hatten, den Blick auf die Anzeigetafeln richteten, auf denen die Verspätung von einer Viertelstunde bestätigt wurde, oder versuchten, vor dem Wagenstandsanzeiger herauszufinden, wo ihr Wagen halten würde, um jeder auf seine Weise so wenig wie möglich dem Zufall zu überlassen, Reisen ist keine einfache Sache, jedenfalls nicht so einfach, wie man gemeinhin meint, jeder versucht, seine Welt mitzunehmen, sein Leben und seine Identität zu bewahren, sich mit einem unsichtbaren Schutz zu umgeben wie die Mandorla von Ikonen, um alle Unbilden schadlos zu überstehen und genau so anzukommen, wie man abgereist ist, mithin das Wesen des Reisens zu leugnen. Nein, es war nicht einfach, loszulassen, zu verlassen und sich dem zu überlassen, was geschehen könnte – und diese Worte, loslassen, verlassen, überlassen, riefen Echos in mir hervor, die zwischen den Zügen und den Reisenden, den ankommenden Zügen, meine ich, unpassend erscheinen konnten.

Es war mir gelungen, nur das Allernötigste mitzunehmen, ebenso wie ich versucht hatte, die Dauer der Reise zu beschränken, um den Gefahren vorzubeugen, die ich auf mich zukommen sah, denn – wie so oft – wollte ich zugleich abreisen und nicht abreisen, etwas entdecken und es nicht entdecken, etwas wissen und es nicht wissen. Vielleicht hatte ich mir auch aus diesem Grund den Winter ausgesucht, da sind die Tage kürzer, die Nächte beginnen früher, ziehen sich länger hin, und die Kälte rechtfertigt es, nicht zu lange auf der Suche nach etwas kreuz und quer durch eine Stadt zu laufen, sondern in sein Hotelzimmer zurückzukehren, das Buch zu lesen, das man auch zu Hause gelesen hätte, um zwischen so viel Fremdem endlich die Vertrautheit mit sich selbst, mit dem eigenen Leben wiederzufinden. Ich hatte alle verfügbaren Gegenargumente ins Feld geführt, damit diese Reise, vor der mir so graute, ablaufen würde, ohne sich hinzuziehen, stattfinden würde, ohne viel geschehen zu lassen, damit alle Fragen, die mich dazu bewegt hatten loszufahren, offen und in der Schwebe blieben, ohne sich je wirklich zu stellen, wie das Klingeln eines Telefons, das man klingeln lässt – damit all diese Fragen ohne Antwort blieben.

Im Hin und Her auf dem Bahnsteig, wo sich die Stimmen vermischten, Sprachen, die ich verstand, und andere, die ich nicht verstand, glaubte ich, eine gewisse Unruhe zu spüren, als wäre das alles nicht üblich, ja, die Stimmen und Sprachen vermischten sich und gaben diesem Zielort plötzlich eine Tragweite, die weit über ihn hinausreichte, als ob er ein Treffpunkt sein könnte, eine Hauptstadt, auf die alle zustrebten, für die es in der Welt etwas zu suchen – etwas zu finden gab. Und in diesem Lärm verfestigten sich die Worte, die ich verstand, und die, die ich nicht kannte, zu einer kompakten Masse, der nicht das Geringste zu entnehmen war und die mich mit einer seltsamen und undeutlichen Atmosphäre umgab, in der nichts entstehen noch überdauern konnte – eine ungewöhnlich dicke Eisschicht.

Als Vorbote kündigte ein Knistern im Lautsprecher eine Durchsage an, es wurde still, die Leute sahen auf, jeder wartete auf den endgültigen Bescheid wie auf ein göttliches Orakel, das vom Himmel fallen würde. Die Durchsage erfolgte im selben unbeteiligten Tonfall, es komme zu einer Verspätung von fünfzehn Minuten, und damit waren nicht die vergangenen fünfzehn Minuten, sondern die kommenden fünfzehn Minuten gemeint, was insgesamt dreißig Minuten ergab, vorausgesetzt, es bliebe dabei.

Ich betrachtete jetzt auch meine Mitreisenden genauer, die zu Mitwartenden geworden waren und von denen einige im selben Abteil wie ich gesessen hätten, wenn es Waggons mit Abteilen gegeben hätte, und vielleicht hätten wir kurz nach der Abfahrt des Zuges eine Unterhaltung begonnen, doch die Sätze, die wir ausgetauscht hätten, waren nun unwiderruflich verloren, denn unser Gespräch, wenn es denn stattfände, würde von vornherein durch die Verspätung bestimmt sein, zu der jeder eine Erklärung suchen, einen Kommentar abgeben würde, und das, was wir sonst vielleicht gesagt hätten, würde verbannt, verdrängt, vergessen werden und erst zu anderen Zeiten, unter anderen Umständen, mit anderen Gesprächspartnern – oder nie – wieder hervorkommen.

Ich beobachtete sie – vor allem die Gruppe der Gymnasiasten, die auf einmal ruhig geworden waren und von denen nur noch ein leises Rumoren ausging, nachdem sie alle ihre Rucksäcke abgesetzt, zusammengestellt und einen Kreis um sie gebildet hatten, als ob sie das Gepäck bewachen müssten, und die dabei zu einem urtümlichen Verhalten zurückfanden, zum Gebaren früherer Generationen.

Je länger ich die Mitwartenden betrachtete, desto unwirklicher erschienen sie mir. Statt gegenwärtiger zu sein, je mehr die Zeit ihnen Wirklichkeit verlieh, existierten sie immer weniger, waren sie nur noch Silhouetten und Umrisse, schweigende Schatten, die die Abteile eines hypothetischen Zuges bevölkerten, den niemand in den Bahnhof einfahren sah.

Genauso ist es, dachte ich, niemand trifft eine Entscheidung, wir sind ein Spielball der Umstände, werden im Leben hin und her geworfen je nachdem, ob uns die Ereignisse in die eine oder in eine andere Richtung schubsen.

Es wurde still, der Bahnhof, der mir gerade noch so belebt vorgekommen war, schien leer und verlassen zu sein, die Kälte, die ich zuerst nicht gespürt hatte, kroch die Gleise und Bahnsteige entlang, der graue Himmel zog sich bedrohlich zusammen – kündigte sich ein Schneesturm an? –, und plötzlich glich diese fremde Stadt dem, was man sich über sie erzählte, war dunkel und unheimlich, plötzlich schien von dieser Stadt, in die ich zum ersten Mal gekommen war, eine schreckliche und unheilvolle Kraft auszugehen, und von einem Moment auf den anderen wusste ich nicht mehr, wo und in welcher Zeit ich mich befand.

Ich war allein auf dem Bahnhof mit dem Winter und der Kälte, und ich trug die Last einer Vergangenheit, die ich nicht selbst erlebt hatte, als unfreiwillige Zeugin von Abgründen, die Generationen trennten. Ich glaubte, ich würde mich einfach auf eine Reise begeben – auf eine besondere Reise, gewiss, auf den Spuren einer Geschichte, um möglicherweise Wurzeln zu finden, eine Erklärung für das Gefühl, dass mein Land nicht ganz meine Heimat war, aber das Land, in das ich reiste (oder vielmehr reisen würde, wenn der Zug endlich käme), war es ebenso wenig –, ich glaubte, ich würde einfach nur wegfahren, und jetzt war meine Neugier angestachelt, fühlte ich mich hingezogen zu anderen Orten und anderen Zeiten, vergeblich versuchte ich zu widerstehen, vergeblich hoffte ich, jemanden zu sehen, dem ich mich hätte anschließen können, aber niemand kam, die Rolltreppe war stehengeblieben, und ich musste bleiben, warten – hinnehmen.

Ich reiste auf der Suche nach Adressen, Häusern und Straßen, die vielleicht verschwunden waren, vielleicht überdauert hatten; ich hatte nur den Namen einer Stadt, einen Straßennamen, zusammenhanglose Erzählungen, auf die nichts folgte, Satzfetzen, die sich aus ihrem Kontext gelöst hatten, um in mir anzudocken und mich von nun an auf meiner Drift zu leiten. Fragen oder Äußerungen, die sich mir jedes Mal in den Weg stellten.

– Was willst du dort?

– Was, glaubst du, findest du dort?

– Stell dir vor, es hätte ein Erdbeben gegeben.

– Nichts ist übrig geblieben.

– Eine Verpuffung.

– Wir haben doch alles aufgegeben.

– Keiner will in die Vergangenheit zurückkehren.

– Das will niemand.

– Das darf niemand.

– Blicken Sie nicht zurück, nur dann kommen Sie wieder raus aus der Hölle.

Denn sie waren fortgegangen, wie täglich Tausende, Zehn-, ja Hunderttausende aus allen Ländern auf allen Kontinenten fortgingen, allein oder mit der ganzen Familie, und sie nahmen den Bus oder den Zug, das Schiff oder auch das Flugzeug unter den unglaublichsten Umständen, zwischen zwei Waggons, im Fahrgestell, zusammengepfercht auf schwimmenden Planken, die man Schiffe nannte und als solche darstellte, um ihnen etwas vorzugaukeln, bis ein Kapitän das Geld, das sie über viele Jahre hinweg durch Arbeit und Entbehrungen angespart hatten, für die Überfahrt kassierte und sie irgendwo mitten auf dem Meer aussetzte – er hatte nie die Absicht, sie an Land zu bringen – oder mit ihnen unterging. Denn wie alle, die weggingen, waren sie vor Krieg oder Verfolgung, Hunger, Elend, Armut oder auch nur ihrer Unzufriedenheit geflohen, im Glauben, anderswo, weiter im Westen, weiter im Norden, ein besseres Leben zu finden, im Glauben, einen zitternden Lichtstreif am Horizont zu sehen, der ihnen den Weg wies, und sie waren zu Fuß gegangen, gereist, hatten Stürme überstanden und ganze Landstriche durchquert, hatten die Zeit durchmessen, bis sie eines Tages in dem Land ankamen – wenn sie je ankamen –, von dem sie geträumt hatten.

Und dort ließen sie sich nieder, wohnten an fremden Orten, mit denen sie sich vertraut machen wollten, die schlimmer sein konnten als die, die sie verlassen hatten, dort lebten sie zusammengedrängt in engen und dunklen Zimmern, am Ende von steilen Treppen, und manchmal fragten sie sich, was sie dort suchten, aber alles in allem glaubten sie noch an dieses bessere Leben, und allmählich verließen sie die dunklen Zimmer, um in hellere Wohnungen umzuziehen, sie zerstreuten sich, arbeiteten und schlossen Bekanntschaft mit Leuten von hier, mit Leuten von dort, begannen, ein normales Leben zu führen, und hielten sich für Bürger des Landes, das sie sich ausgesucht hatten. Und dann kamen wir, ihre Kinder, und trugen von Geburt an ihre Hoffnungen, denn wir sollten vollbringen, was sie nicht mehr hatten tun können, und sie verfielen auf den Gedanken, dass sie unseretwegen fortgegangen seien, da sie wussten, dass die Zeit eines Lebens nicht mehr ausreichen würde, um alles aufzuholen, sie konnten sich niederlassen, aber sie konnten keine Wurzeln fassen, keine neue Heimat finden, das mussten wir tun, und so trugen wir von Geburt an die Last ihres Lebens, sowohl die ihrer Enttäuschungen wie die ihrer Illusionen, und mussten Wünsche erfüllen, die nicht unsere waren. Aber die Wunde blieb, von der sie nichts wissen wollten, diese Narbe, die sie gern vergaßen, und den Namen, den sie nie aussprachen, den hörten wir in der Tiefe ihres Schweigens, er hallte zwischen den Wänden unserer Zimmer, umzingelte uns mit den Echos aus einer anderen Welt, aus einer anderen Zeit, und während sie wollten – glaubten –, wir wären vollständig von hier, stammten wir von dort, obgleich wir zuvor nicht dort waren und auch niemals dort oder sonst wo hingehen würden, und schon verloren sie – und wir mit ihnen – diesen ungleichen Kampf, einen hoffnungslosen Kampf gegen die Umstände.

Der Wind blies.

– Was willst du dort?

– Ein Erdbeben.

– Wir haben doch alles aufgegeben.

– Blicken Sie nicht zurück.

Und dieser Zug, der nicht kam, begegnete an anderen Bahnhöfen anderen Zügen auf der Suche nach anderen Strecken, während ich den Weg, den sie nach ihrer Abreise genommen hatten, noch einmal zurücklegen würde, aber genau in entgegengesetzter Richtung. War es nur das, eine jahrzehntelang aufgeschobene Rückreise, die man offengelassen hatte wie andere Geschichten, andere Visionen, und die jetzt unternommen wurde, wie nach einer mehr oder weniger lang andauernden Störung die Ordnung wieder einkehrte und die Dinge ihren Lauf nahmen.

– Ein Erdbeben.

– Was willst du?

Fragen, die ohne Antwort blieben, die sie mehr sich selbst stellten als mir – hätte ich ihnen doch erwidert, sucht bei euch selbst, fragt euch, warum ihr nichts erzählt habt, warum ihr nie etwas erzählt habt außer ein paar Einzelheiten, ohne Verbindung untereinander, wie einzelne Felsen, die hie und da aus einer überschwemmten Landschaft herausragen und die sich einzeln zu keiner Geschichte zusammenfügen ließen. Und während ich früher gelegentlich versuchte, einige offensichtlich zusammenhanglose Szenen zusammenzubringen, suchte ich jetzt nichts mehr, suchte ich schon seit langem nichts mehr, denn diejenigen, die mir etwas hätten erzählen können, die mir einige Schlüssel hätten liefern können, einen Bericht, die mir zum Teil erklärt hätten, wer ich war, oder zumindest, woher ich stammte, diejenigen, die mir etwas hätten sagen können, konnten es nicht mehr, da sie von den Mauern einer seltsamen Krankheit eingeschlossen waren, die Sprache und Gedächtnis angriff, und da sie in dieser Krankheit eingeschlossen blieben, bis sie starben. Und wenn mich manchmal ihre Stimme begleitete, so gab es doch – viel zu oft – ihr Schweigen, ihre Blicke und die Wand des Vergessens, die immer undurchdringlicher wurde.

Sie waren zu dritt, eine Mutter und zwei Kinder, Bruder und Schwester, der Vater war seit langem tot, und dass ich im Plural an sie dachte, lag daran, dass sie unzertrennlich waren, nicht auseinanderzubringen, dass sie sich zu sehr glichen und zueinander gehörten, während ich mutterseelenallein war, nicht dazugehörte – der Bruder war immerhin mein Vater –, im Stich gelassen von einer Mutter, die diese zu starke Verbundenheit nicht ertragen konnte und besiegt ihr Leben gelassen hatte, ohne mich zuvor ausreichend gewappnet zu haben, um es mit ihnen aufzunehmen. Sie waren zu dritt und schienen eine Familie zu bilden, aber sie waren mehr als eine

Familie, eine Art monströse Entität, eine dreiköpfige Hydra, eine Dreieinigkeit, eine schweigende Schimäre, die mich gepackt hatte und nicht mehr loslassen wollte. Ich nahm alle Mühen auf mich, entfernte mich von ihnen, ging auf Reisen – der Zug, den ich nehmen wollte, war nur einer von vielen, als bestünde mein Leben nur aus Reisen, als bliebe mir, wenn ich ihnen entfliehen wollte, nur die Wiederholung, die Verlängerung ihrer Flucht übrig, als müsste ich für einen Fehler büßen, der mir nicht bewusst war, den ich nicht begangen hatte. Sie jedoch sagten nie etwas, sie begnügten sich damit zu warten, wie ich jetzt auf diesem eiskalten Bahnsteig wartete, darauf zu warten, dass ich ihr Gelübde erfüllte, ein Gelübde, das sie nie ausgesprochen hatten und das aus jenem stummen Gebot bestand, jener Devise, die Einwanderer durch ihr Verhalten, ihre Haltung, durch ihr Leben selbst an ihre Kinder weitergeben, du sollst es besser machen als wir.

Und ich hatte es versucht – ich studierte, ich sprach diese Sprache fließend, die zu sprechen ihnen so schwerfiel, ich beherrschte sie, schrieb in ihr, ich hatte andere Sprachen gelernt, unablässig lernte ich alles, was sie nicht wussten, jede Erkenntnis war ein Sieg, und diese Siege reihte ich aneinander, indem ich mehrere Fächer studierte, nutzlose Diplome ablegte, die jedoch immer eine große Herausforderung bedeuteten, und wenngleich sie nichts sagten, waren sie vermutlich stolz auf mich. Schließlich bekam ich eine Anstellung bei einer Zeitung, wurde Auslandskorrespondentin, fern von ihnen, fern von allem, auf einem anderen Kontinent, in einer Hauptstadt unter Vulkanen, in der einst Schiffe eingetroffen waren und neben Wolkenkratzern und Villen aus der Kolonialzeit die Überreste einer fremden Zivilisation standen. Dort, etliche tausend Kilometer fern von ihnen, von dem sumpfigen Wasser, in dem sie lebten, fühlte ich mich relativ sicher, dort hatte ich keine andere Verpflichtung, als zu beobachten, was sich in meiner Umgebung ereignete, und darüber zu berichten, das sagte mir zu, das Land war nicht im Krieg, die Gesellschaft dort war nicht gewalttätiger als anderswo, bisweilen weniger als in den Nachbarländern, auch wenn in einigen Bundesstaaten eine Art ewige Guerilla kämpfte, aber dafür interessierte sich schon seit langem niemand mehr. Es hätte so weitergehen können, ich wäre in andere Städte, in andere Länder gereist, hätte mir die Welt angesehen und wäre ab und zu zurückgekehrt, um unseren Abstand zu ermessen, doch eines Tages ging alles in die Brüche – und mein Leben glich nicht mehr dem, was es zuvor war, wurde zu etwas, was es hätte sein sollen, und die Jahre der Ruhe, in denen ich trotz allem nach einem Ausgang suchte, erschienen mir wie der hoffnungslose Versuch, dem Schicksal zu entgehen.

Wenn ich den Zeitpunkt angeben müsste, den Anfang vom Ende oder vom Neuanfang, so wäre es der Telefonanruf, den ich wegen der Zeitverschiebung mitten in der Nacht erhielt – seither kann ich Telefongeklingel, ganz gleich zu welcher Uhrzeit, nicht mehr ohne Angstgefühle hören – und durch den ich vom Tod ihrer Mutter erfuhr, meiner Großmutter, die mir aber so fremd war, trotz der Nähe, trotz der räumlichen Enge, in der wir gelebt hatten, dass ich für unsere verwandtschaftliche Beziehung nur schwerlich einen Begriff verwenden konnte. Das Missverhältnis zwischen diesem Anruf in der Nacht und der damit verbundenen Nachricht, die mich nicht berührte – zumindest glaubte ich das –, kam mir absurd und unbegründet vor, wie es mir plötzlich auch absurd und unbegründet erschien, dass ich geglaubt hatte, ich müsse mich vor ihnen schützen, mich bewahren und mein eigenes Leben leben, schließlich lagen ein Ozean und etliche Zeitzonen zwischen uns. Hier, dachte ich, nachdem ich den

Hörer aufgelegt und versprochen hatte, so schnell wie möglich zurückzukehren, hier war ich ja nicht zu Hause, sondern hinversetzt, wie sie seit Jahrzehnten in eine andere Umgebung versetzt waren, ohne sich je wirklich dort eingefügt zu haben, ohne den Versuch unternommen zu haben, diese Umgebung zu verstehen, die sie bereits zu kennen meinten, weil sie sich die Stereotypen über sie angeeignet hatten. Aber dieses Missverhältnis war, wie ich undeutlich spürte, als ich, da ich mich nicht mehr hinlegen und erst recht nicht mehr einschlafen konnte, ziellos im leeren Appartement hin und her ging, das ich ja nun bald verlassen musste und das aus diesem Grund zu meinem einzigen Ankerpunkt wurde – freilich würde ich den Anker bald lichten und woanders, in ihrer Lebensmitte, auswerfen müssen –, dieses Missverhältnis war nur allzu offensichtlich, denn für sie war der Tod meiner Großmutter ein Erdbeben, jene Verpuffung, von der sie mir später anlässlich anderer Ereignisse erzählten, und er ließ sie ratlos zurück, denn er machte schlagartig ihre Anstrengungen zunichte, hier und jetzt leben zu können, und warf sie um Jahre zurück in die Zeit, als sie eines Morgens mit ihrer ganzen Habe in zwei Koffern auf dem Bahnsteig angekommen waren.

Mit einer Verspätung von voraussichtlich dreißig Minuten, verkündete die Stimme erneut und wiederholte: mit einer Verspätung von voraussichtlich dreißig Minuten.

Der Grund für die Verspätung wurde nicht mitgeteilt, und man konnte sich in allerlei Mutmaßungen ergehen über mögliche Unbilden des Wetters, einen Streik, eine Panne, einen Unfall – auf dem Bahnsteig wurde es unruhiger, einige Leute gingen die Treppen hinunter, kehrten mit Sandwichs und Getränken zurück und verteilten sie an ihre Familien, während andere für längere Zeit verschwanden, vielleicht um mehr Informationen zu bekommen.

Die Alleinreisenden begannen, sich vorsichtig anzulächeln, sich Blicke zuzuwerfen, als wollten sie sich ermuntern, beim solidarischen Hin und Her der Familien nicht abseits zu stehen, oder auch nur, weil sie Trost brauchten.

Uns gibt es auch noch, schienen ihre Blicke zu sagen. Nur weil wir allein reisen oder allein leben, muss man uns doch nicht das Recht vorenthalten, beachtet und berücksichtigt zu werden.

Ja, es gibt euch, bestätigten andere Blicke, keine Sorge. Nur die Verspätung hindert uns daran, miteinander zu reden. Eigentlich müssten wir um diese Zeit Richtung Grenze fahren, bequem in unseren Abteilen sitzen, mitten in einem Gespräch, dessen einleitende Worte schon längst gefallen wären, aber wie hätten wir uns kennenlernen sollen, während wir auf dem Bahngleis standen und auf weitere Durchsagen warteten?

Der winterliche Wind pfiff von beiden Seiten unter das Glasdach, denn es war ein Durchgangsbahnhof, in den die Züge ein- und dann weiterfuhren, aber nicht verweilten, so dass diese Verspätung in gewisser Weise nicht nur die Vorstellung von der Reise durcheinanderbrachte, die jeder Wartende sich machte, sondern auch die Bahnhofsatmosphäre, die Örtlichkeiten, die nicht dafür bestimmt waren, fortwährend belagert zu werden. Auf den anderen Bahnsteigen ging das Umwälzen im Übrigen weiter, das Kommen und Gehen, das Ertönen der Gongs und die anschließenden Durchsagen, während hier alles wie unter einer dünnen Eisschicht erstarrt war. Keine Bänke, um sich hinzusetzen, lange Metallgeländer und die Kälte, eine alles durchdringende Kälte, die alle Wartenden packt, während sie sich fragen, wie es weitergeht – die Ungewissheit, unsere Ungewissheit, war nicht schlimm, rief aber ähnliche Lebenslagen in Erinnerung, statt sie auszublenden, weckte Gefühle des Umherirrens, als wäre dieses Umherirren, statt zu enden, zu einer Seinsweise, einer Lebensform geworden, die sich über Epochen und über Ländergrenzen hinweg hier und dort, dann und wann niederließ, die Flügel ausbreitete und mit ihrem Schatten drohte die Beute zu ergreifen und zu verschlingen, bevor sie sich wieder aufschwang und zu anderen Horizonten flog. Sie schwebte hier über uns, zögerte zu landen wie Vögel, die kreisen und mehrmals hintereinander plötzlich abfallen und wieder aufsteigen, bevor sie sich auf ihre Beute stürzen, sie packen und in Stücke reißen. Spürten die Wartenden die Gefahr? Ich spürte sie über uns, vielleicht würden wir die nächsten Opfer sein, vielleicht würden wir dieses Mal noch gerettet werden, aber ein solcher Aufschub würde alles noch schlimmer machen, denn eines Tages würde sich der Abgrund vor uns auftun, ich spürte es, und diese undeutliche, unbestimmte Gefahr kam noch zu all den bekannten Gefahren hinzu – oder vielmehr sie verschmolz mit ihnen und zu jenem Telefonanruf mitten in der Nacht auf einem anderen Kontinent, der mir vorkam wie der Beginn meines Lebens – meines wirklichen Lebens.

Sie lebten weiter in der Wohnung zusammen, der Bruder und die Schwester, in der sie mit ihrer Mutter gelebt hatten, jener Bruder, der mein Vater war, dem ich mich als Tochter aber ebenso wenig verbunden fühlte wie seiner Mutter als Enkeltochter, und jene Schwester, die ihnen ihr Leben widmen musste, die sich um sie kümmern musste, und um mich – sie ersetzte meine Mutter, nachdem diese gestorben war, aber ich hatte keine Erinnerung an diese langen Jahre, ein endloser grauer und brauner Sumpf, aus dem ich mich selbst befreien wollte, als ich in die Stadt mit den leuchtenden Farben und den prägnanten Klängen zog, der alten Hauptstadt von Völkern, die es nicht mehr gab und die als Spur ihres Daseins nichts hinterlassen hatten außer einigen Steinpyramiden, Überresten eines Kults, der unverständlich geworden war, den man aber dennoch zu verstehen glaubte –, jene Schwester, die nie geheiratet und keine Kinder bekommen hatte. Sie lebten also weiter zusammen in derselben Wohnung, mit denselben Möbeln und denselben verstaubten Gegenständen, um die sich jahrelang niemand gekümmert hatte und von denen einige dort ebenso unpassend erschienen wie diese Pyramiden mitten im Urwald, die, von der Vegetation angegriffen und überwältigt, in eine Zeit geraten waren, mit der sie nichts mehr verband. Mit meiner Rückkehr wechselte ich nicht nur den Kontinent, sondern auch die Zeit, und ich landete nicht etwa in einer Vergangenheit, die meine gewesen wäre – eine Konsequenz dieses Wiedersehens –, sondern in ihrer Vergangenheit, als hätte der Tod ihrer Mutter sie um Jahrzehnte zurückgeworfen, sie in das Leben zurückversetzt, das sie in jenem anderen Land zu der Zeit geführt hatten, als ihr Vater bereits weggegangen war, um den Weg ins Exil zu ebnen und Arbeit zu suchen, als wäre das der einzige Moment in ihrem Leben gewesen, in dem sie sich glücklich oder zumindest geschützt, sicher gefühlt hatten, als wollten sie um jeden Preis zu diesem Leben zurückfinden, es einfangen, und dabei weigerten sie sich, mit der Zeit zu gehen, Bewegung und Veränderung in ihrem Leben zu berücksichtigen – und dann suchte sie diese seltsame Krankheit heim, die vielleicht nur auf den richtigen Augenblick gewartet hatte, um sich ihrer zu bemächtigen, und trug sie fort wie eine steigende Flut.

– Die Zeit bemisst sich nach Generationen.

– Ihr glaubt zu sehr ans Individuum.

– Ihr haltet euch für unabhängig.

– Für autonom.

– Aber ihr seid Gefangene einer Bewegung.
– Der Bewegung einer ganzen Gruppe.
– Es gibt die Generationen der Vergangenheit.
– Und die künftigen Generationen.
– Diejenigen, die zu etwas anderem streben.
– Diejenigen, die zurückdrängen.
– Jeder Fährmann.
– Oder Totengräber.
– Der nachfolgenden.
– Und wir stehen mitten auf der Brücke.
– Es ist eine Frage des Alters.
– Zwischen denen, die uns nachfolgen, und denen, die uns vorausgingen.
– Eine Frage des Alters.
– Aber wir wissen nicht mehr genau, wo wir stehen.
– Wer wir sind.
– Ihr habt den Stab an uns weitergegeben.
– Ihr habt uns alleingelassen.
– Im Stich gelassen.
– Und wir segeln.

Auf einem Boot, das sich nur mit viel Mühe über Wasser hielt, weil es so schwer beladen war, das kaum oder gegen den Strom schwamm, so sehr beladen, dass es nicht uns gehörte, und dass wir es bestenfalls zum anderen Ufer bringen konnten – aber eigentlich brachte es uns dorthin.

– Die Welt, die wir vorgefunden haben.
– Die Welt, die wir zurückgelassen haben.
– Ein zweigeteilter Kontinent.
– Aber ohne Krieg.
– Wir haben uns wieder etwas aufgebaut.
– Und wir haben geträumt.
– Von einer besseren Welt.

– Die Welt, die wir euch hinterlassen, ist besser, als unsere es war.

– Aber ihr wollt alles aufgeben.

– Alles verschwinden lassen.

– Ihr macht euch nicht klar.

– Was wir erlebt haben.

– Durchgemacht haben.

– Welche Mühen wir auf uns genommen haben.

– Was wir alles hinzunehmen, zu schlucken hatten.

– Wovor wir die Augen schließen mussten.

– Um etwas neu aufzubauen.

– Um zu träumen.

– Wir haben den Fuß auf den Mond gesetzt.

– Ihr könnt ihn auf den Mars setzen.

– Der Fortschritt, die Technik, die Medizin.

– Es gäbe viel aufzuzählen. Wir haben alles in Gang gesetzt.

– Ihr führt es fort.

– Das ist leichter.

Leichter in dieser Welt des Schweigens anzukommen, in der alles feststand, in der die Unermesslichkeit einer Katastrophe einen Abgrund hinterlassen hatte, der tiefer war als Mondkrater, schauerlich wie Vampire, und wir gingen offenen Auges vorwärts durch diese trostlose Welt, die ihr wieder bevölkern wolltet. Es ist nichts, sagtet ihr, ein Erdbeben, während wir versuchten, eurem Schweigen Worte zu unterlegen und Häuser unter euren Ruinen zu bauen, eine Vergangenheit unter eurer Zukunft zu schaffen, aber ihr wart gute Wächter, zumindest das konntet ihr gut, ihr wart solidarisch untereinander und zugleich habt ihr euch abgewendet und euch geweigert, dieselben Worte auszusprechen, Namen oder Eigennamen, ihr habt bestimmte Orte verschwinden lassen, um bestimmte Ereignisse verschwinden zu lassen, und wir haben schon in frühester Kindheit begriffen, dass etwas nicht stimmte.

– Wir haben euch beschützt.

– In Sicherheit gebracht.

Eingeschlossen, ihr habt uns eingeschlossen in eure Welt des Schweigens, in dieses Universum aus Eis, in dem wir versuchten, gehen zu lernen, ihr habt uns am Gehen hindern wollen, weil ihr zu viel Angst vor unseren Fragen hattet, vor den Antworten, die ihr hättet geben müssen, und vor dem, was wir möglicherweise entdeckt hätten – anstelle eurer Schatzinseln oder eurer Trugbilder –, vor der Leere, die wir hinter euren Ansammlungen von Dingen hätten entdecken können, hinter euren Anhäufungen von Autos, Elektrogeräten, Einrichtungsgegenständen jeder Art, nein, nicht uns wolltet ihr schützen, sondern euch selbst.

– Wir hatten Krieg.

– Und ihr lebt im Frieden.

Stimmt, zumindest in unserem Land herrscht Frieden, und in einigen anderen Ländern auch. Wir haben keine Besatzungstruppen in unseren Städten erlebt, keine ausländischen Uniformen, keine diktatorischen Gesetze, das gab es in benachbarten Ländern, aber nicht bei uns, und unsere Revolten mochten kindisch, überflüssig erscheinen, ein Luxus; dennoch haben auch wir gekämpft, auch ohne Waffen, ohne Schützengräben, wir haben gegen die Lüge angekämpft, gegen die Illusion, gegen diesen Wiederaufbau aus Schweigen und Vergessen, wir waren nicht sehr zahlreich, weniger als ihr, denn einigen von uns lag daran, euer Werk fortzusetzen, es zu vollenden, es zu festigen, damit das Gebäude intakt bleiben und unversehrt an die nachfolgenden Generationen übergehen würde, wir haben gekämpft und sind bereit, die Waffen niederzulegen, die Waffen, die wir nicht besitzen, besiegt von der Unermesslichkeit der Aufgabe.

– Eine verlorene Generation.

– Jeder kommt sich verloren vor, einer nach dem anderen, der Verlust stellt sich in jedem Land ein und schlägt sich nieder, wartet, und wenn er weiterzieht, bleiben immer einige Opfer auf der Erde zurück.

– Schriftsteller und Dichter beschreiben dieses Gefühl des Umherirrens, den Platz, der uns fehlt, und dann geht man zu etwas anderem über.

– Denn ihr verirrt euch.

– In Sackgassen.

Einerseits hatte ich bei meiner Rückkehr das Gefühl, in die Situation zurückzukommen, der ich entflohen war, das Gefühl, der unumgänglichen, unabdingbaren Notwendigkeit zu folgen, mich zu stellen – weniger den Personen als der zusammengesetzten Entität, die sie bildeten und die über sie hinausreichte, die sich über den Raum hinaus erstreckte, in dem sie lebten, bis hin zu den vorhandenen Lebensmitteln, bis hin zu den Dingen, von denen sie sprachen, in eine Atmosphäre, in eine Lebensform zurückzukehren, in die es erst einzutauchen galt, bevor man sie abstreifen, sich ihrer entledigen konnte, einerseits hatte ich also dieses Gefühl und andererseits das, in eine Falle zu gehen, die zuschnappen würde.

Wir hatten uns lange Zeit nicht mehr gesehen, und sie empfingen mich ohne ein Lächeln – wegen der Trauer, dachte ich zunächst, nach einigem Nachdenken wurde mir jedoch bewusst, dass sie mir nie zugelächelt hatten, dass ich nie bemerkt hatte, dass sie nicht lächelten, Seite an Seite standen sie da in ihrer Tür mit ernsten Gesichtern und wirkten umso zerbrechlicher, bedroht wie eine im Aussterben begriffene

Spezies, je weniger sie sich rührten. Und ihre angespannten Gesichter, die nicht unbedingt streng, aber ernst waren, bildeten einen Teil meiner inneren Landschaft, ohne dass ich es wusste, es begriffen hatte, sie gehörten zu jenen Archetypen, jenen Formen, die wir ahnungslos in uns tragen und später wiederfinden oder wiedererrichten wollen, beherrscht und geleitet von Winden, die uns in namenlose Fernen treiben. Und auch ich hatte ihre Gesichter zwangsläufig in anderen Gesichtszügen gesucht, denen ich bei meinen Reisen und Auslandsaufenthalten zufällig begegnet war, nicht, weil ich sie geliebt hätte, sondern, weil ich sie brauchte.

Ich weiß nicht mehr, was sie zu mir sagten, wenn sie überhaupt ein Wort sagten – sie waren von Trauer überwältigt, aber erleichtert, dass ich zurückgekommen war, als würde nun alles wieder in Ordnung kommen.

Ihr Schatten legte sich über mein Leben, verfolgte mich, wo auch immer ich war, bis auf den Bahnsteig dieses Bahnhofs, durch den der Wind blies, vielleicht, weil ich in ihr Land fuhr – zurückkehrte –, in die Stadt, die sie einst verlassen hatten und die im Moment nur eine ferne Abstraktion war, einige Buchstaben, die einen Namen ergaben, den ich häufig gehört hatte und der mir Angst machte, jetzt, da ich ihm bald einen Inhalt geben würde, geben müsste.

Ich hätte nicht sagen können, was an ihrem Schweigen oder an ihren Worten am unerklärlichsten war, ich könnte auch nicht angeben, wie viel Zeit zwischen meiner Rückkehr und dem Ausbruch jener Krankheit verging, die sich zweifellos damals schon ankündigte und sie allmählich befiel, sie langsam, aber sicher überwältigte, zuerst den Bruder und dann die Schwester, und ein unwiderrufliches Urteil fällte.

Eine Stunde Verspätung, verkündete die Stimme diesmal und erschreckte mich damit.

Die Gründe dafür erklärte sie ebenso wenig wie zuvor. Wenn wenigstens der gesamt Zugverkehr stillgestanden hätte, aber nein, ein ununterbrochenes Ein- und Abfahren von Zügen verhöhnte uns, und die Fahrgäste, die aus ihnen stiegen, schienen nichts von ihrem Glück zu wissen, hielten es für selbstverständlich, dass all diese Züge verkehrten. Das Stehen wurde langsam beschwerlich, aber es gab keine Sitzbank, und jeder suchte mit Blicken eine Kante oder eine Stange zum Anlehnen, manche gingen auch wie ich auf dem Bahnsteig auf und ab, um sich die Wartezeit zu verkürzen und zugleich die Kälte zu vertreiben, und die Gruppe von Gymnasiasten setzte sich auf den Boden. Eine Stunde – es gab keinen Grund, auf dem Bahnsteig zu bleiben, man konnte in die Bahnhofshalle zurückgehen, aber alle blieben, als würde jeden Augenblick eine neue Durchsage die vorausgegangene widerrufen und der Zug gleich einfahren. Ich suchte erst den Horizont ab und prüfte dann die Blicke der Mitreisenden einer Reise, die im Moment nicht über den Bahnsteig einer Durchgangsstation hinausführte.

Ich konnte mich nicht von einem Gedanken lösen, der mich, seit er in mir Gestalt angenommen hatte, verfolgte wie jene Ereignisse, die man am liebsten ungeschehen machen würde, denen man aber stets Rechnung tragen muss, einem absurden Gedanken, von dem ich mich nicht mehr losreißen konnte und der darauf hinauslief, dass sie nicht wollten, dass ich dorthin reiste. Und dieses »sie« schloss ebenso den Zugführer des Zuges ein, der nicht ankam, und die weibliche Stimme, die regelmäßig diese Durchsagen machte, wie auch den Bruder und die Schwester, die auf meinem Schicksal lasteten, und darüber hinaus die ganze Familie, die Herkunft, alles, was uns hinter unseren Möglichkeiten zurückbleiben lässt, was uns zurückweichen, zurückfallen lässt einschließlich der inneren Stimmen und der Pfade des Labyrinths, in dem wir uns verlieren. Und das Wissen, dass diese Verspätung nicht mir galt, sondern alle Fahrgäste auf dem Bahnsteig betraf, die aus den unterschiedlichsten Gründen unterwegs waren und längst nicht alle zum ersten Mal in die Heimatstadt ihrer Familie reisten, dieses Wissen hielt mich nicht davon ab, darin einen Wink des Zufalls oder des Schicksals zu sehen, der mir den Zugang verwehren sollte.

– Die Wege sind abgeschnitten.

– Und die Zugänge versperrt.

– Der Grenzfluss ist über die Ufer getreten, man kann Land und Wasser nicht mehr unterscheiden, ganz gleich, wie viele Sandsäcke aufeinandergehäuft werden, es ist wie zu Kriegszeiten, die Namen sind nutzlos geworden, ganze Dörfer sind verschwunden, die Menschen leben auf den Dächern und warten auf die Hubschrauber oder das Sinken der Flut, während sie zusehen, wie ihre Habe davonschwimmt oder wie ein Stein untergeht.

– Wir dachten, leben hieße sammeln und bewahren, um etwas zu vermachen.

– Wir dachten, man dürfe nichts zurücklassen, nichts weggeben.

– Dann an den Tod.

– Daran, alles aufzugeben.

– Die Dämme brechen, die Schleusen öffnen sich, und unsere Kinder leben, wie wir gelebt haben, versuchen ihrerseits, Besitz anzuhäufen.

– Hab und Gut.

– Das sie dann ihren Kindern vermachen.

– So ist es zu allen Zeiten.

– Doch jetzt geht alles unter, alles fließt weg, sogar das Dach droht abgedeckt zu werden, und uns bleibt nichts mehr, nichts zu bewahren, nichts weiterzugeben.

– Außer Worten.

– Und unserem Bedauern.

– Der Status eines Flüchtlings.

– Man muss mit allem von vorne anfangen.

– Wiederaufbauen und wiederbeleben.

– Der Grenzfluss ist über die Ufer getreten, und man weiß nicht mehr, in welchem Land man sich befindet, aber Hilfe naht, die Überschwemmung verwischt die Grenze gründlicher als Besetzungen, Annexionen und Verträge, löscht den Wandel von Namen und Herrschern, annulliert Teilungen und Landkarten, vereinigt alle Territorien in derselben Leere.

– Überschwemmungen.

– Dürre.

– Das Unerwartete, das Extreme.

– Sie haben nichts davon bemerkt.

– Wir leben nicht mehr in derselben Welt.

– Aber diese neue Welt.

– Führt ins Unbekannte.

Mir einen Zugang verwehren. Lange Zeit dachte ich, dass ich nie dorthin fahren würde, dass das nicht meine Geschichte sei, sondern ihre, dass sie diese abgebrochen, brachliegen lassen hatten und dass es mir nicht zustehen würde, sie wiederaufzunehmen, ich hatte schließlich andere Dinge zu tun, nämlich mein Leben zu leben. Aber was war mein Leben? Wie konnte ich es von ihrem trennen, dessen Tentakel so weit reichten, dass es mich auf anderen Kontinenten einholte – und konnte ich überhaupt so tun, als ginge mich das nichts an, was man Herkunft oder Abstammung nannte? Lange Zeit hatte ich mich anderen Zielen zugewandt, anderen Himmelsrichtungen, und auf einmal dachte ich, dass ich unbedingt dorthin reisen müsste und dass ich erst hinterher frei sein würde, um anderswo hinzugehen, mein eigenes Leben wieder aufzunehmen, dass ich diesen Umweg nehmen müsste – wenn es denn ein Umweg war –, und nun wurde diese Entscheidung, für die ich so viel Zeit gebraucht hatte – eine Zeit, die sich in Jahren bemaß –, von einer Art Betriebsstörung in Frage gestellt, die sich allerdings dadurch, dass sie länger dauerte als einfache Pannen, in ein Zeichen des Schicksals verwandelte, das ich nicht deuten konnte.

Sie – der Bruder und die Schwester – wussten nicht, wohin ich unterwegs war, ich hatte ihnen nichts Genaueres gesagt, und in der Welt, in der sie seit einigen Jahren lebten, hatte nichts mehr einen Sinn, weder Raum noch Zeit, oder vielmehr, alles hatte einen anderen Sinn, einen geheimnisvollen Aspekt, der manchmal in unverhofften Augenblicken offenbar wurde. Gewiss, der Name des Landes oder der Stadt hätte ein Echo hervorrufen können – ein einziges Mal hatte ich in einer Zeit, in der sie noch imstande waren zu verstehen, was man ihnen sagte, die Möglichkeit einer solchen Reise erwähnt, doch schon damals hatten sie es nicht verstanden –, aber ich fuhr eben erst jetzt dorthin, da ihre Stimmen verstummt waren, jetzt, da sie nur noch selten ein Wort sprachen, eines pro Tag oder pro Woche, Einsilber wie: ja, nein, es geht.

Denn alles, was man lernt, kann man auch verlernen. Sprechen natürlich, aber auch denken, eine Treppe hochgehen, eine Tür öffnen, eine Stufe hinuntersteigen, den Fernseher einschalten, das Licht ausschalten, aus einem Glas trinken, die kompliziertesten und die einfachsten Gesten. Hunger haben, Durst haben und wissen, ob es Tag ist oder Nacht, alles, was man nicht erklären kann, weil es uns so instinktiv, so offenkundig vorkommt.

Ich hatte schon ohne Zeitverschiebung Anrufe mitten in der Nacht bekommen, oder vielmehr mit einer Verschiebung nach der inneren Uhr, die bedeutender war als die der Zeitzonen.

– Die Läden sind geschlossen.

– Es ist Nacht.

– Ich kann nicht einkaufen gehen.

– Es ist Nacht.

Aber für den Bruder war die Nacht nicht mehr diese dunkle Fläche, die sich über den Himmel erstreckte, und die Stille, die daraus resultierte, die Zeit, in der der Mond wacht und in der man schläft, nein, die Nacht war ein Wort ohne jeden Sinn, ein paar zufällig aneinandergereihte Buchstaben, so ist das Leben, hätte ich sagen können, oder so ist das Vergessen, es ist warm, ich bin da, denn die Worte lösten sich allmählich von den Dingen und führten ein Eigenleben fern von uns und unseren Reaktionen, fern von unserer Arroganz zu glauben, wir könnten alles verstehen.

Ich erklärte das Offenkundige, das heißt, das Unerklärbare, und er sah mich an, und vor diesem zugleich verlorenen und skeptischen Blick lösten sich die selbstverständlichsten Gewissheiten auf, warum nicht zwei Hemden übereinander anziehen, warum keinen dicken Mantel anziehen, wenn es draußen warm ist, nützt es etwas, eine Tür mit dem Schlüssel öffnen zu wollen, wenn man doch ein Taschentuch hat – die Welt löste sich vor meinen Augen auf, wurde eine nicht fassbare Menge, ein Nebeneinander von Fakten, deren Kausalzusammenhänge schlagartig verschwanden, was vielleicht bewies, dass sie nie sehr solide gebaut war, da ein verlorener Blick genügte, ihr jeden Sinn zu nehmen.

Einige Zeit versuchte ich, die Vernunft zu verteidigen, gab dann aber ziemlich schnell auf. Wenn es dir Vergnügen macht, schien er zu sagen, esse ich eben mit einer Gabel statt mit der Schere ... Aus welchen Gründen hätte ich die Welt, wie sie war, verteidigen sollen, da sie mir doch selbst nicht besonders gefiel, aus welchen Gründen hätte ich das Gesetz verteidigen sollen?

Plötzlich gab es nichts mehr. Dort, wo das Gedächtnis einen Boden gebildet hatte, auf den wir unseren Fuß setzten und der verhinderte, dass wir versanken, dort, wo der Sinn uns zurückhielt, regierte nur noch Zufall, Willkür, so weit das Auge reichte, erstreckte sich eine Landschaft aus Treibsand. Wir gingen zwar weiter, aber nun sanken unsere Füße ein, der Sand reichte bis zu den Knöcheln, den Knien, bis zur Taille, mit uns sanken alle ein, und niemand konnte uns heraushelfen.

– Du sprichst von Erinnerung.

– Du trägst die Erinnerung.

– Um leben zu können.

– Und um weiterzuleben.

– Mussten wir jedoch vergessen.

– Das Land vergessen, aus dem wir kamen.

– Und die Sprache vergessen, die wir gesprochen haben.

– Die Freunde.

– Die Lebensweise.

– Die Kathedrale am Ende der Straße, Schutz und Drohung in einem, das Wahrzeichen des Landes und seiner Religion, die zugleich seine Kraft ausmachte und unser Unglück, der Religion, die das Land trotz der Teilungen und Besatzungen am Leben hielt, wie auch die Sprache, die trotz aller Ausrottungsversuche überdauerte, die Kathedrale wachte manchmal über uns, und manchmal überwachte sie uns, je nachdem, ob Krieg oder Frieden herrschte, innerer Krieg, innerer Frieden, das war unser Weg. Wir gingen die Gasse hinunter zum Marktplatz und überquerten die breite Straße. Das alles bildete mit einigen alten Häusern, Zeugen einer glanzvolleren Zeit, das Stadtzentrum in der Mitte eines Landes, dessen Grenzen und dessen Rolle – mal herrschte es, mal wurde es beherrscht – sich stets wandelten.

– Das Zentrum unserer Welt.

– Dort wurde nach mehr als hundertjähriger Besatzung die Unabhängigkeit ausgerufen.

– In den Tagen zwischen dem Abzug der ehemaligen Besatzer und dem Eintreffen der neuen.

– In der Leere zwischen zwei verfeindeten Armeen.

– Im Ersten Weltkrieg.

– Dann die erneut ausgerufene Republik.

– Ihr geht von der Kathedrale aus die Straße hinunter, praktisch in Richtung Marktplatz ...

– Alle Städte haben einen Marktplatz und eine Kirche.

– Ja, aber keine Kathedrale.

– Und ihr tretet ein, geht durch den Portalvorbau, eine schmale Öffnung, dann kommt der Hof, den ein flaches, graues Gebäude versperrt, eine zementierte Scheune, dort ist es.

– Eine Scheune, ein Stall, ein Schuppen.

– Ein Zimmer, das von einem Schrank in zwei Wohnungen für zwei entfernt miteinander verwandte Familien geteilt wurde, Kinder, Eltern, alle in einem Zimmer, zwei Generationen und die Werkstatt, wohnen und kochen, schlafen und arbeiten, alles in ein und demselben Zimmer, sich waschen und essen, sich anziehen und an die Nähmaschine setzen.

– Und hinterher wundert man sich.

– Über das Durcheinander.

– Im Gedächtnis.

– Alles in ein und demselben Zimmer.

– Wir waren zahlreicher.

– Wir haben viele zurückgelassen.

– Eltern, Kinder.

– Im Stich gelassen.

– Vergessen.

– Du sprichst von Erinnerung.
– Doch wir mussten vergessen.
– Ein Teil der Familie dort, der andere hier.
– Die Familie.
– Um leben zu können.
– Um weiterleben zu können.

Auf diesem Bahnsteig, auf dem die Kälte, der Wind, der Winter pfiff, betrachtete ich meine Mitreisenden, jeder von ihnen hatte eine Geschichte, jeder seine inneren Stimmen, und dennoch hatte man das Gefühl, dass in ihnen Schweigen herrschte.

Ich kenne euch nicht, dachte ich, aber ich weiß, was wir gemeinsam haben, das Warten natürlich und das Ziel – auch wenn dieser Zug noch an vielen Bahnhöfen hält.

– Du trägst die Erinnerung.
– Wir haben vergessen, um zu leben.
– Den Anfang und das Ende.
– Unser Leben beschreibt eine Kurve, einen Regenbogen, der sich wieder schließt und dessen Enden hinter einem Horizont oder unter der Erde zusammentreffen.
– Trotzdem sind wir dort.
– Aber auch woanders.
– Man geht nicht weg, ohne etwas zurückzulassen.
– Das wollten wir nicht wahrhaben.
– Aber wir haben zurückgelassen.
– Aufgegeben.
– Alleingelassen.
– Die Leute, die vertrauten Blicke, den Händler an der Ecke, die Nachbarn und alle, denen man jeden Tag begegnete, ohne ihren Namen zu kennen – aber am Ende kannten wir sogar die Namen derjenigen, die wir nicht kannten.
– Das ist die Apanage der Minderheiten.

– Der Gemeinden.

– Der Apotheker, die Bäckerei, das Postamt.

– Danach mussten wir alles neu machen, wiederaufbauen.

– Und das braucht Zeit.

– Viel mehr, als man meint.

– Dann kam der Krieg.

– Kaum angekommen, mussten wir wieder weg – und alles wieder von vorne anfangen.

– Dann zurückgehen, und wieder alles von vorne anfangen.

– Wir haben mehrere Leben gehabt.

– Sind mehrmals weggegangen.

– Aber nie angekommen.

Manche Eulen sind kaum zu unterscheiden von dem Ast, auf dem sie sitzen, eine Tarnstrategie der Natur, und auch die Schneeeule lässt sich nicht mehr von der eisigen Umgebung unterscheiden, in der sie lebt und an die schon ihr makelloses Federkleid erinnert, vorausgesetzt, sie schließt die Augen, denn wenn sie sie öffnet, strahlen sie wie Gold und sorgen für einen glänzenden Schimmer im Schnee.

Sie kann ihren Kopf um zweihundertsiebzig Grad drehen, eine drei viertel Kreisdrehung mit dem Hals vollführen. Diese eigenartige Fähigkeit gleicht die fehlende Beweglichkeit der Augen aus und verschafft uns das erstaunliche Schauspiel eines Kopfes, der sich mühelos umwendet, sich ungehindert zur Rückseite des Körpers und darüber hinaus dreht, wobei Kopf und Körper kaum zu unterscheiden sind, so sehr scheinen sie aus einem Guss zu sein, wie ein Felsstück, ein weißer Marmorblock, dem aus ein und demselben Hieb eine Skulptur mit Torso und Kopf entspringt. Vor unseren Augen gerät die vertraute Ordnung der Welt aus den Fugen, etwas Außerordentliches geschieht, eine kleine Veränderung tritt ein, die man nicht vollständig wahrnimmt, und in einem Augenblick, für den man keine Worte findet, wird die Ahnung zur Gewissheit, dass Kopf und Körper, obwohl sie vereint sind, mit einer Bewegung plötzlich getrennt wurden, dass der Kopf nicht mehr dort ist, wo er sein müsste, und auch der Körper nicht, und wir sind verwirrt angesichts des Unerklärlichen. Wer weiß, was in dem Augenblick alles geschehen kann, in dem die Schneeeule den Kopf dreht: die Eisschmelze, Abgründe, die sich auftun, Tiefseegräben, die sich öffnen und das Wasser der Meere verschlingen, Katastrophen jeder Art – bis endlich der Kopf wieder an seinen Ausgangspunkt zurückkehrt und alles seinen gewohnten Lauf nimmt.

Sie gingen aufrecht umher, beugten sich manchmal vor, um die Gleise oder den Horizont zu betrachten, um zu sehen, ob nicht zufälligerweise die Form einer Lokomotive erschiene, das Lichterdreieck der Scheinwerfer – denn die Nacht schritt voran, und wir würden nichts erkennen von den Seen, von den Wäldern aus Kiefern und Birken, die für die Breitengrade vor der Tundra typisch sind, für diese unermessliche Weite in der Mitte des Kontinents. Eine lange, ungeordnete Reihe von einigen Dutzend, einigen hundert Reisenden – so viel, wie in einen Zug hineingehen –, von denen jeder seine Geschichte hatte, seine Geheimnisse – seine Fragen. Wer weiß, ob sich nicht im selben Moment jemand dieselben Fragen stellte wie ich, und in denselben Worten? Und wie sollte ich ihn, jenen Bruder im Geiste, den ich noch immer suchte und der mir so gefehlt hatte, woran sollte ich ihn erkennen? An einem Schimmer, einem Glanz in seinen Augen? Manchmal hatte ich mich zu Blicken hinreißen lassen, wenn ich die Falle zu spät erkannt hatte, ich hatte es zwar nicht bedauert, es danach jedoch wieder bleiben lassen, da Blicke trügerisch waren und die Leere oder den Abgrund kaschierten. Ich kehrte von diesen orientierungslosen Ausflügen zurück wie diejenigen, so stellte ich mir vor, die nach einem langen Aufenthalt aus einer tiefen Höhle, einem langen Tauchgang in Tiefseegräben wieder hochstiegen. Sicher, ich hatte gesehen, letzten Endes hatte ich gesehen, aber ich war geblendet wie von einem weißen Licht, und danach brauchte es Zeit, bis ich wieder eine normale Sicht auf die Welt hatte.

– Du glaubtest an den Blick.

– An das, was dahinter liegt.

– Und du hast gesehen.

– Dass es dort nichts gab.

– Oder vielmehr etwas Unergründliches, den unendlichen Schmerz der Lebensgeschichten, alles, was wir in uns tragen und was uns bedrückt, eine Schwere, eine Last, die nicht geteilt werden kann.

– Es ist nicht ihre Schuld.

– Es ist die Geschichte. Die Geschichte eines Landes, die Geschichte einer Familie, und sie stehen an einem Scheideweg, reglos, unentschlossen, schauen nach Norden, nach Süden, ohne sich zu entscheiden, und verharren.

Der Bruder und die Schwester hatten nicht entschieden, wegzugehen, es waren ihre Eltern, die diese Entscheidung für sie trafen, der Vater als Vorposten, um zu sehen, ob es möglich war, und einige Jahre später, nachdem der Vater Fuß gefasst, ein wenig Geld verdient und ihre Übersiedlung ermöglicht hatte, nachdem er die notwendigen Formalitäten erledigt hatte, während die Kinder sich bereits nicht mehr an ihn erinnern konnten, zogen sie mit ihrer Mutter nach.

– Er wartete am Bahnhof auf uns.

– Der Zug hatte Verspätung.

– Einen ganzen Tag.

– Vierundzwanzig Stunden.

– Wir mussten aussteigen.

– Ein kleiner Bahnhof, ein namenloses Dorf, viel Hin und Her, in der Nähe das Postamt. Wir haben ein Telegramm abgeschickt zur Benachrichtigung.

– Vierundzwanzig Stunden jenseits der Zeit verloren, als würden sie uns für immer fehlen.

– Wir durften aussteigen und auf den Bahnsteig gehen, den Bahnhof aber nicht verlassen außer zum Gang aufs Postamt, das nebenan lag, wir waren an der Grenze ...

– Und wir saßen fest, ohne Angabe von Gründen, wir dachten, es sei vielleicht Krieg.

– Gerüchte ...

– Der Krieg kam zwar, aber später.

– Dieses eine Mal.

– Hatten wir vorausgesehen.

– Doch einige von uns (denn wir waren mehrere, die weggingen) dachten, es sei ein Zeichen.

– Uns wird ein Unglück zustoßen, dachten sie, und sie erkundigten sich, ob ein Zug in die entgegengesetzte Richtung fuhr.

– Andere behaupteten dagegen, es sei eine Prüfung, man dürfe sich nicht abschrecken lassen, und wenn wir sie bestehen würden, ginge alles gut.

– Ihnen haben wir lieber geglaubt, denn der Aufbruch war so schwierig gewesen, dass wir unmöglich zurückkehren konnten.

Und der kleine Bahnhof, der ans Ende des Grenzdorfs verbannt war, überblendete das große Glasdach in der Hauptstadt, die Schienen würden sich auf freiem Feld verlieren, bis zum Wald war es noch ziemlich weit, auch wenn man die Bäume am Horizont erkennen konnte, und die Landschaft unterschied sich eigentlich kaum von der, die sie verlassen hatten, dieselbe Ebene, dieselbe Pflanzenwelt, dasselbe Klima, als wären sie entgegen dem Anschein und dem Gepäck noch nicht wirklich weggegangen, als wären sie zum Bleiben verdammt. Ich konnte sie sehen, sie waren unter den Reisenden, das Warten verband uns über die Jahre hinweg, vereinte uns sicherer als jede andere Erfahrung, als die verwandtschaftlichen Bande – und das, obwohl sie mir nie etwas erzählt hatten.

Sie mussten stundenlang warten, die Vorräte wurden aufgeteilt unter denjenigen, die vorgesorgt hatten, und denen, die weniger vorausschauend waren, sie hatten sich ihre Geschichten erzählt, Ratschläge erteilt, Adressen ausgetauscht, und während wir uns schweigsam und beinahe misstrauisch musterten, ermutigten sie sich gegenseitig, bis sie wieder in den Zug stiegen.

Der Zug war schließlich weitergefahren, langsam – als zögerte er – und hatte dann wieder angehalten – diesmal an der Grenze.

– Die Kontrollen.

– Die Papiere, das Gepäck.

– Sie hätten es während des vierundzwanzigstündigen Stopps machen können, aber nein, es war nicht der richtige Ort gewesen, sie hatten dort keine Dienststelle, kein Personal und nicht die notwendigen Stempel.

Die Gymnasiasten schienen von einem Schüleraustausch zurückzukehren, sie sprachen mühelos jene Sprache, die ich vergeblich zu lernen versuchte, aber außer ihnen und wenigen älteren Fahrgästen gehörten wir Wartenden, so hatte ich plötzlich das Gefühl, alle derselben Generation an, jener Generation, die begleitet vom Schweigen oder von den Lügen der Eltern ins Leben getreten war, die unbedingt reden, sie zum Reden bringen und an ein Ideal glauben wollte, und die ihrerseits die Arme hängen ließ, von denselben Zweifeln, denselben Hindernissen besiegt, wenngleich auf eine weniger tragische Weise, und die sich darauf verlegte, dem Geld und den unterschiedlichsten Geschäften hinterherzujagen, um sich über ihre Ängste, ihre Langeweile hinwegzutäuschen. Auf diesem Bahnsteig waren wir fast alle im selben Alter, und ebendas hatte mir seit meiner Abreise dieses Gefühl der Ähnlichkeit gegeben.

– Du hörst nicht zu.

– Warum soll ich erzählen …

– Nur dieses eine Mal.

– Es interessiert dich nicht.

– Doch, erzählt weiter, ich dachte nur an die Gegenwart – dieses eine Mal.

– Es war eigentlich nicht so sehr die Reise.

– Wie auf allen Reisen dauerte es lang, es war eintönig, wir sahen kaum aus dem Fenster.

– Es regnete.

– Dann kam die Nacht.

– Die Landschaft war in Dunkelheit getaucht.

– Und schließlich kamen wir an.

– Der Zug fuhr in den Bahnhof ein, wurde langsamer, hielt.

– Wir nahmen die Koffer, stiegen aus, gingen den kalten Bahnsteig einer fremden Stadt entlang, auf dem es brechend voll war, eine unbekannte Sprache gesprochen wurde, wir wären wieder eingestiegen und zurückgefahren, hätte nicht plötzlich …

– Unsere Mutter vor unseren Augen einen Fremden geküsst.

– Einen von all den unbekannten Männern.

– Sie hatte uns getäuscht, hatte vorgegeben, wir würden zu unserem Vater gehen, um uns widerstandslos hierherzubringen, aber es war eine Lüge, doch was sollten wir tun in dieser Welt, die kein Erbarmen mit uns hatte, die zu groß für uns war?

– Der Unbekannte kam zu uns, wollte uns umarmen, mit uns sprechen – wenigstens sprach er unsere Sprache.

– Er nannte uns meine Kinder.

– Denn dieser gesichtslose Mann ohne Stimme, dieser Mann ohne Vergangenheit und Zukunft, dieser Mann, vor dem wir fliehen wollten, dem wir entkommen wollten, dieser Mann, der uns zu dieser Reise gezwungen hatte, gegen die sich alles in uns sträubte, war unser Vater.

– Als wir ihn sahen, dachten wir an unser Zuhause.

– Dort hatten wir alles zurückgelassen, Freunde, Nachbarn, jenes Zimmer am Ende des Hofs und unseren Vater –

denn dieser unbekannte Mann konnte nicht unser Vater sein –, unsere Mutter – denn diese Frau, die ihn akzeptierte, konnte nicht mehr unsere Mutter sein –, unser Leben.

– Zum ersten Mal begriffen wir die Bedeutung des Wortes Bruch.

– Begriffen wir, dass das Leben keine flache Ebene war, sondern eine gezackte Gebirgskette mit Abhängen, die man immer wieder hinauf- und hinuntergehen musste, und als wir bei den Vettern ankamen, die uns aufnahmen, dachten wir, dass alles von Neuem losgehe.

– Die Häuser waren grau.

– Schwarz.

– Schwärzer und grauer als zu Hause, man sprach von der Stadt des Lichts, doch sie war nicht schöner als unser Marktflecken in der Provinz, wir begannen, der Kathedrale nachzutrauern, dem Marktplatz, dem Lächeln der Menschen und sogar ihrer Feindseligkeit, denn die kannten wir wenigstens, dagegen konnten wir uns wehren. Hier war alles bedrohlich.

– Und der Fluss.

– Der Fluss, der durch unser Stadtzentrum floss, sein schattiges Ufer, zu dem wir es nicht weit hatten, der Fluss, den wir so gerne betrachteten.

– Das klare, saubere Wasser.

– Das zum Schauplatz wurde …

– Aber das ist eine andere Geschichte …

Nie redeten sie so viel wie über diese Geschichte, als wäre es die einzige, die sie wirklich erlebt hatten, aber sie waren gar nicht dabei gewesen, sie hatte sich nur in ihrer Stadt zugetragen, der Stadt, die sie verlassen mussten, und rechtfertigte aus diesem Grund die Entscheidung, wegzugehen.

Einige Szenen bleiben im Gedächtnis, ohne dass man wüsste, warum, Handlungen, die mit unserer Geschichte übereinstimmen, noch bevor wir es erkennen, es verstehen, und eine dieser Ursprungsszenen war für mich die von Orpheus und Eurydike in dem Moment, als Orpheus sich umdreht und sie verliert. Zunächst, weil sie den Augenblick darstellt, in dem alles umkippt, in dem auf einen Schlag nichts mehr ist wie zuvor, nur wegen einer Geste, die man gemacht oder unterlassen hat. Er dreht sich um, und all diese geduldig ausgeführten Schritte, diese Reihe von Wundern, von Antworten, die Ja statt Nein lauteten, diese ganze umgestürzte Weltordnung, umgestürzt, damit Orpheus in die Hölle hinabsteigen und Eurydike wiederfinden konnte, diese möglich gemachte Unmöglichkeit, diese ganze Konstruktion bricht zusammen, und auf einmal ist das Unmögliche wieder unmöglich, ist die Ordnung wiederhergestellt. Dabei ging es darum, sich nicht umzudrehen, nicht zurückzuschauen, freiwillig vor der Vergangenheit die Augen zu verschließen, um weiterzukommen, voranzuschreiten – um leben zu können. Eurydike stellte die Vergangenheit dar, das frühere Leben, und um wieder leben zu können und sie zu neuem Leben zu erwecken, galt es, der Eurydike von einst zu entsagen, um die jetzige zu besitzen. Auf diese Weise war trotz allem eine Entsagung notwendig, doch Orpheus konnte nicht entsagen, weil er die Eurydike von einst zurückhaben wollte. Natürlich hatte ich nicht an das alles gedacht, als ich die Geschichte zum ersten Mal las, aber sie blieb mir haften, und jede Lebensphase hat ihr eine Erklärung hinzugefügt, jede Erfahrung hat dazu beigetragen, und auf jenem Bahnsteig begriff ich, was hinter der Vergangenheit steckte, die man nicht betrachten durfte.

– Die Hypnose.

– Der starre Blick.

Denn sie waren weggegangen und durften sich nicht mehr umdrehen, als alles in ihrem Innersten sie drängte, zurückzugehen, und nur der Fluss rechtfertigte ihre Abreise, deshalb erinnerten sie sich an ihn.

– Ich weiß nicht, wohin er fließt.

– Wo er mündet.

– Als ob es ihn nur dort gäbe, als ob er nur da wäre, um die Verbindung zu schaffen, durch die umgebende Landschaft zu fließen und dabei Raum und Zeit zugleich zu teilen zwischen dem unwiderruflich Verlorengegangenen und dem alltäglichen Leben.

– Zwischen Bahnhof und Kathedrale.

– Dem Alten und dem Neuen.

– Und den Häusern, die ihn säumten.

– Ein ruhiges Stadtviertel.

– Der Wasserlauf zwischen den Bäumen, ein friedlicher Anblick, ein wogendes Band, ein Silberstreif in der Wintersonne, nicht sehr breit, aber tief – tief genug, um darin zu ertrinken.

– Das Wasser ist trügerisch.

– Wir gingen oft zusammen.

– Wir waren selten getrennt.

Es gab weitere Brüder, weitere Schwestern, die alle in früher Kindheit gestorben waren bis auf einen, der im Fluss ertrank. Der Älteste – die genaue Anzahl der Geschwister, fünf, sechs, sieben, wusste ich nie, sie wechselte mit der Zeit, man erinnerte sich nicht mehr richtig, die ersten Jahre badeten in einem schummrigen Licht, einem unterschiedslosen Chaos wie vor der Schöpfung, als nichts zu unterscheiden war, nicht einmal sie, zumal sie ihre Geburtsdaten nicht kannten, weder Tag noch Monat, denn die Geburtsurkunden wurden damals mit Verspätung ausgestellt, nicht einmal das Geburtsjahr war sicher – der älteste Bruder war im Fluss ertrunken, er war eines Tages weggegangen, zumindest dachte ich, dass es sich so abgespielt haben könnte, denn sie sprachen nicht darüber, nur einmal war ihnen eine Anspielung entschlüpft, als sie sich unterhielten, ohne meine Anwesenheit bemerkt zu haben, er war weggegangen und nicht zurückgekommen, er wurde vermisst, und zwei Wochen später fand man seinen Leichnam fünfzehn Kilometer entfernt im Fluss.

– Wir haben ihn nicht gesehen.

– Wir wollten ihn nicht sehen.

– Von allen Toten, heißt es, bieten Ertrunkene den schlimmsten Anblick.

Von diesem Bruder gab es kein Foto, ebenso wenig wie von den früh verstorbenen Geschwistern, und da ich von seiner Existenz ein wenig wie ein Einbrecher erfahren hatte, fragte ich nie, wie er aussah, ich wusste nicht einmal seinen Namen, doch jetzt, da dieser Bruder und diese Schwester, die sich seit jener Zeit wie Überlebende vorkommen mussten – ein Gefühl, das die weiteren Ereignisse nur noch verstärkten –, jetzt, da dieser Bruder und diese Schwester der Krankheit anheimgefallen waren, war es zu spät, um ihnen Fragen zu stellen, und so sah ich ihn auf einmal herausragen aus den Leuten auf dem Bahnsteig, die wie unter Wasser zu zerfließen schienen mit Gesichtern, die vom Warten unwirklich geworden waren. Ich sah ihn, und er kam zu mir.

– Ich habe dich erkannt.

– Ich kenne Sie nicht.

– Haben sie dir von mir erzählt?

– Kaum.

– Sie haben mich vergessen.

– Das vielleicht nicht.

– Man spricht nicht über das, was man vergessen hat.

– Man kann nicht über das sprechen, was man weiß.

– Warum nicht?

– Weil man zu sehr daran hängt.

– Ich hatte keine Zeit, zu lernen.

– Wie alt waren Sie?

– Dreizehn Jahre. Ich war der Hoffnungsträger der Familie, der Erstgeborene, das Ideal jener Zeit, ich hätte gern studiert, ihrem Wunsch nach sollte ich Arzt werden, und ich wollte ihnen den Gefallen tun, ich hatte mir ihre Träume zu eigen gemacht – aber es waren nicht unbedingt meine.

– Und Ihre?

– Ich wäre gern gereist. Ich bin nie aus der Stadt herausgekommen, wir hatten kein Geld, aber nach der Schule oder an freien Tagen bin ich hinausgegangen, ich folgte dem Fluss, versuchte jedes Mal, ein Stückchen weiter zu kommen, und dachte dabei, dass ich später echte Reisen unternehmen würde, wenn alle schliefen, sprach ich mit meinen Eltern, vor allem mit meinem Vater, ich wollte ihn überzeugen, dass es hier keine Zukunft für uns gab, dass wir in den Westen gehen müssten, in die Länder der Freiheit, die alle anzogen, dass wir den Kontinent durchqueren und vielleicht sogar den Ozean überqueren müssten, auf jeden Fall weg, denn dort gebe es Chancen für uns.

– Sie sind weggegangen.

– Ich weiß, als mein Vater wegging, war ich noch da, ich wollte, dass er mich mitnimmt, aber er wollte nicht, ich muss es vorbereiten, sagte er, und wenn alles bereit ist, kommt ihr alle zusammen nach. Ich bestand darauf, aber es war nichts zu machen. Als er dann ging, weinte ich nicht über seine Abreise, sondern weil ich zurückbleiben musste.

– Ich verstehe.

– Ich weiß nicht. Du kannst dir das Leben dort nicht vorstellen, vor allem, wenn man nach anderem strebt. Die anderen waren nicht so unglücklich, sie nahmen ihre Lage hin, aber ich …

– Was war mit Ihnen?

– Ich las Zeitungen, ich wollte, dass sich etwas ändert, ich wollte nicht unbedingt die Revolution, aber einen Fortschritt, ich glaubte an Erkenntnis und Wissenschaft.

– Und was ist geschehen?

– Ich kapselte mich immer mehr ab, mich interessierte nur noch der Aufbruch, während die anderen am liebsten geblieben wären, wir hatten weder dieselben Vorstellungen noch dasselbe Temperament. Es brach eine Epidemie aus, unsere beiden jüngsten Schwestern steckten sich an und starben im Abstand von wenigen Wochen. Unsere Mutter sah darin ein Zeichen Gottes, sie flehte unseren Vater an, zurückzukommen, und schickte Telegramme, aber er wollte nicht, und in seiner einzigen Antwort schrieb er, dass man nicht weggehe, um zurückzukehren.

– Und was war mit Ihnen?

– Ich ging den Fluss entlang, gegen Ende des Herbstes waren die Bäume kahl, der Wind brachte die ersten Schneeflocken, und während ich dem Fluss folgte, dachte ich ans Weggehen, an die Jahre, die ich verlieren würde, wenn ich weiter wartete.

– Wie lange war Ihr Vater da schon weg?

– Seit zwei Jahren, und ich hielt es nicht mehr aus, die Dunkelheit brach herein, und auf einmal beschloss ich, nicht mehr zurückzugehen, nie mehr zurückzugehen, sondern dem Lauf des Flusses nach Westen zu folgen, zu marschieren, alles zu Fuß zurückzulegen, bis ich meinen Vater wiedertreffen würde, und wenn er mich sähe, könnte er mich nicht mehr zurückschicken. Ich fühlte mich gut, endlich machte ich, was ich wollte, die Nacht war vollkommen dunkel, die Bäume nahmen beängstigende Formen an, schienen sich über mich zu beugen, im Wind zu murmeln, und ich ging immer weiter, der Mond war aufgegangen, er leuchtete über dem silbrig schillernden Wasser, der spiegelnden Wasseroberfläche, auf der sich die Zweige vermischten, und zeichnete seltsame Konturen, dann bin ich irgendwie gestolpert, ich habe das Gleichgewicht verloren, und ohne richtig zu begreifen, was passierte, merkte ich, wie mich das eiskalte Wasser packte und verschlang, ich kämpfte gegen das Wasser an, der Fluss war nicht sehr breit, ich hätte das Ufer erreichen können, aber ich konnte nicht schwimmen, und die Kälte, das Gefühl von Eis, tat ein Übriges – ich schaffte es nicht.

– Sie konnten sie nicht verlassen.

– Wie lange sind sie noch geblieben?

– Noch drei Jahre.

– Ich hätte diese drei Jahre nicht mehr ertragen. Sie haben dir also nie von mir erzählt.

– Nur einmal. Sie dachten, sie wären unter sich, und als sie mich bemerkten, verstummten sie.

– Was sagten sie.

– Dass Sie ertrunken sind, dass man Ihren Leichnam zwei Wochen später fünfzehn Kilometer von der Stadt entfernt gefunden hat.

– Das ist alles, was sie gesagt haben?

– Das ist alles.

– Das wundert mich nicht. Ich war nicht so wie sie. Und du hast keine Fragen gestellt?

– Man hatte keine Lust, ihnen welche Frage auch immer zu stellen.

– Und jetzt?

– Aus und vorbei.

– Sie sind alt?

– Sie sind krank.

– Sag mir eines. Gibt es einen Arzt unter euch? Nicht in ihrer Generation, sondern in deiner?

– Nein, keinen Arzt.

Er schien zufrieden zu sein, als hätte ihm niemand seinen Platz weggenommen, als würde er für immer frei bleiben, als hätte die Abwesenheit gewonnen, seine Abwesenheit, als hätte sie einen Tunnel durch die Zeit gegraben. Er entfernte sich nicht, sondern verschwand vor meinen Augen, sank in ein Nichts zurück, das er vielleicht gar nicht verlassen hatte, denn alles verschwamm, meine Gedanken und seine, unsere Worte und die Zeiten. Die unruhigen Phasen des Jahrhunderts schwebten, kreisten um uns wie Raubvögel, deren Flügel gegen das Glasdach schlugen, vielleicht war er überhaupt nicht gekommen, vielleicht hatte er überhaupt nie existiert, aber ich spürte, wenn ich ihn gekannt hätte, wäre er mir am liebsten gewesen.

Unter euch, hatte er gesagt, aber ich war allein, die einzige Vertreterin meiner Generation, ich musste die ganze Last aus früheren Zeiten allein tragen, als bestünde meine Lebensaufgabe darin, ihre Unfähigkeit zu bewahren, sich dem Leben anzupassen, das sie einfach so weiterführten, unbeschadet, um es anderen Generationen aufzubürden. Aber die Geschichte endete in einer Sackgasse, sie hatten nur mich, und ich hatte niemanden, niemanden, dem ich die Last aufbürden konnte. Nach der Epidemie und nachdem der Bruder ertrunken war, fühlten sie sich wahrscheinlich nicht mehr offen für das Leben, sondern wie Überlebende, und seitdem wollten sie nur noch sich schützen, unter sich bleiben, und so klammerten sie sich an die Überreste einer kinderreichen Familie wie Schiffbrüchige an die Planken, in der Hoffnung, das rettende Ufer zu erreichen. Ich konnte diesen Rückzug gut verstehen, ihre Angst angesichts der Gefahren, die ihnen gedroht und die sie überstanden hatten, den Wunsch, nichts möge sich mehr ändern, das Leben möge endlich stehen bleiben, diese Sehnsucht nach Ruhe, aber das alles hatte tatsächlich zum Stillstand geführt, sich in einen Morast verwandelt, durch den ich waten und dem ich entkommen musste, um meinerseits leben zu können. Lange Zeit dachte ich, ich würde sie nicht lieben, aber das war nicht der Punkt – in den ersten Lebensjahren kann man ja kaum anders, als diejenigen zu lieben, die um einen sind, man ist gezwungen, sie zu akzeptieren –, es war nur, dass mein Leben und ihr Leben, ihre Unbeweglichkeit und mein Bewegungsdrang, unvereinbar waren, dass die statische Anziehungskraft, die sie ausübten, gefährlich, tödlich war, dass man ihr entgehen, sich von ihr losreißen musste. Man musste fliehen, und ich war geflohen, ich verdoppelte ihr inneres Umherirren durch ein geographisches Umherirren, ich suchte nach Arbeitsstellen, die mich zwangen wegzugehen, nach Reportagen, nach Umleitungen und Umwegen bis in jene Hauptstadt, in der ich schließlich als Überlebende eines Schiffbruchs strandete, bereit, mir in der Welt, die man seit Jahrhunderten die neue nannte, ein neues Leben aufzubauen, und ich wäre noch lange dort geblieben, wenn mich das Schicksal – ihr Schicksal – nicht zurückgerufen hätte. Seither machte ich wieder Reportagen, die Ortswechsel beschränkten sich auf einzelne Reisen, um mich nicht zu weit von ihnen zu entfernen, oder eigentlich nicht von ihnen, sondern von ihrer Krankheit, und die ganze Kraft und Energie, die ich aufgebracht hatte, um wegzugehen, hätte ich eigentlich in meine Rückkehr nicht zu ihnen, sondern zu ihrer Krankheit stecken müssen, die nie etwas anderes gewesen war als die Fortsetzung ihres Lebens, eine noch größere, noch stärkere Abhängigkeit, der eindeutige Ausdruck ihrer Verlassenheit, als hätten sie jahrelang den Anschein erwecken müssen, so zu sein wie die anderen, und könnten sich jetzt endlich so zeigen, wie sie wirklich waren, verletzlich und verloren. Aber ich suchte nicht mehr wie anfangs – vor der Zeit in der Hauptstadt – nach Kriegen und Attentaten, nach rechtsfreien Zonen, ich ging dorthin, wohin man mich schickte, in Länder, deren Sprache ich sprach, aber ich blieb nicht dort, sondern bei ihnen – in der Welt war ich nur auf Durchreise.

– Es ist ein langer Lernprozess.

– Endlos lang.

– Wir haben auch viel Zeit gebraucht.

– Bevor wir wussten.

– Dass man sich nicht von der Stelle rühren darf, dass es darum ging, nachdem wir so weit fortgegangen waren, so nahe wie möglich dort zu bleiben, wo wir waren.

– Es waren zu viele Mühen.

– Ein Sprung.

– Durch Raum und Zeit.

– Vom 19. Jahrhundert, um nicht zu sagen vom Mittelalter, ins 20. Jahrhundert.

– An einem Ende ändert sich nichts.

– Am anderen alles.

– *Krieg und Frieden.*

– Wir haben es nicht gelesen.

– Nein, wir haben nichts gelesen, aber dieser Titel fasst das Leben zusammen, die Zeiten des Kampfes und die Zeiten des Wartens, das alles haben wir erlebt, denn wir wurden nach einem Weltkrieg geboren in einem Land, das gerade wiedererstand, damals hätten wir uns alle gemeinsam an den Wiederaufbau machen können, aber das hundert Jahre lang in drei Besatzungszonen geteilte Land war in sich gespalten, und nach der Unabhängigkeit blieb die Uneinigkeit, und die Leute beobachteten sich, hatten Angst, beschimpften sich, kämpften gegeneinander, wir, die nach einem Weltkrieg Geborenen, verbrachten unsere Jugend mit einem zweiten, der noch schlimmer war, und danach verbrachten wir unsere Zeit damit, uns zu verbergen.

– Wir sind Flüchtlinge.

– Mehr gibt es nicht zu sagen.

Vielleicht schwiegen sie aus diesem Grund, vielleicht hatten sie Angst, dass ihnen ein Wort entschlüpfen könnte, das das fragile Gleichgewicht zerstören würde, das sie sich wieder geschaffen hatten, ein bedrohtes Gleichgewicht, sie lebten auf einem Floß und klammerten sich an den Planken fest, doch um sie tobte das Meer, die Wellen nahmen zu oder legten sich, aber sie hatten um nichts gebeten, nichts gewollt, und sie waren gezwungen, an diesen bewegten Oberflächen zu leben, auf dieser tosenden See. So war das Jahrhundert. Sicher, so waren alle Jahrhunderte, aber sie lebten in jenem, und über seine Katastrophen führte es genauso gut Buch wie ein anderes, vielleicht sogar besser. Ja, das erklärte ihr Schweigen und ihre Unbeweglichkeit, sie waren wie hypnotisiert von einer Urszene, vielleicht vom Ertrinken ihres Bruders oder dem Aufbruch in ein fremdes Land und ihrer Ankunft in jenem Land, für das sie nicht gewappnet waren und in dem sie weiterlebten, als hätte sich nichts geändert, weder die Zeit noch der Ort, sie übten denselben Beruf aus wie in ihrer Heimat, schnitten Stoffe zu und hefteten sie zusammen, lebten im erstickenden Geruch der Dampfbügeleisen, der Butangasheizungen, inmitten von Nähmaschinen, die mit Pedal oder von Hand betrieben wurden, von Stoffballen in glanzlosen Farben, die haufenweise an einer Wand lehnten, der einzige Unterschied bestand darin, dass sie den Krieg, in dem alle ihre Cousins und Cousinen umkamen, zweifellos nicht überlebt hätten, wenn sie geblieben wären.

– Und wenn wir nur überlebt hätten, damit du zur Welt kommst, wer wollte uns das zum Vorwurf machen?

– Warum soll man unbedingt große Taten vollbringen?

– Sein Leben rechtfertigen?

– Wir haben nichts Schlechtes getan.

– Nicht getötet, nicht gestohlen.

– Das Leben.

– Haben wir empfangen und weitergegeben.

Aber mir lag nicht sehr viel am Leben, nicht so viel, dass ich ihnen dankbar dafür gewesen wäre, gewartet zu haben, bis ich eintraf, und da sie dachten, mir ein riesiges Geschenk gemacht zu haben, ruhten sie sich anschließend aus, ruhten sie sich auf mir aus, als hätte ihre Mühe letztlich nur so weit gereicht, bis sie sicher sein konnten, dass sie nicht allein sein würden, dass es jemanden geben würde, der ihnen nachfolgte – und genau das nannten sie Leben.

Das Jahrhundert war in weite Ferne gerückt, hatte sie am Ufer zurückgelassen, sicher, die Krankheit begann schon vor der Jahrhundertwende sich bemerkbar zu machen, aber jetzt, im neuen Jahrhundert, schienen sie sich mehr denn je in vergangene Zeiten gerettet zu haben, seltsame Zurückgebliebene einer ausgestorbenen Spezies.

Alle Katastrophen, denen sie eigentlich zum Opfer hätten fallen müssen, waren an ihnen vorübergegangen, aber war es so gut, ihnen entgangen zu sein? Hinterher versteht man nichts mehr, hat man niemanden mehr.

– Wir lebten jedenfalls immer abgeschieden.

– Hatten keine Freunde.

– Eine Familie, ja, eine große Familie, zu der viele Cousins gehörten ...

– Und deren Cousins ...

– Aber wir waren abgeschnitten von ihnen, getrennt.

– Ein Teil war geblieben.

– Ein Teil war hierhergekommen, aber es war nicht mehr so wie früher.

– Keine verlässliche Einheit.

– Kein Ganzes mehr.

– Uns fehlte etwas.

Da allen Einwanderern, allen Emigranten etwas von dem fehlt, was sie zurückgelassen haben, und dies ursprünglich nichts Fremdes, sondern ihre Heimat war, konnten sie sich keine andere vorstellen, schließlich denkt man nach der Geburt, während man heranwächst, nicht als Erstes ans Auswandern, selbst denjenigen, die sich eine andere Familie suchen, kommt es nicht in den Sinn, sich ein anderes Land zu suchen. Nein, das kommt erst später, viel später, nach zu vielen Enttäuschungen, wenn es so weit ist, dass der Umzug in ein anderes Land helfen kann, die Familie zu wechseln oder sie im Gegenteil nicht zu wechseln, wenn es so weit ist, dass ein Land – das Vaterland – die Stelle der Familie einnimmt, auch wenn das augenscheinlich schwieriger ist, zweifellos muss man rechnerisch mehr Kilometer hinter sich bringen, aber die inneren Kilometer wiegen viel schwerer, sie dauern viel länger.

– Uns fehlte etwas.

– Das holt man nie auf.

Und ich irrte umher, entwurzelt wie sie, da sie ihre Entwurzelung auf mich übertragen hatten, ohne es verstanden oder fertiggebracht zu haben, sich ein neues Leben zu schaffen, eine Lebensweise, die ihren Aufbruch begründet und es ihnen ermöglicht hätte zu sagen, jetzt kennen wir den Grund dafür.

Da ich nach kurzem Zögern darauf verzichtet hatte, in die Bahnhofshalle hinunterzugehen, um etwas zu trinken, zu essen oder auch nur auf andere Gedanken zu kommen, lehnte ich an dem Metallgeländer, als müsste ich unbedingt bleiben, als genügte es, den Bahnsteig zu verlassen, damit der Zug in den Bahnhof einliefe – als wäre Bleiben immer die beste Lösung.

Ans Geländer gelehnt, beobachtete ich die anderen, die Gymnasiasten, die zwischen ihrem Gepäck auf dem Bahnsteig saßen und diskutierten, von Zeit zu Zeit stand jemand auf, ging weg und kam wieder, als hätte er etwas überprüft, aber die meisten Reisenden gingen ruhig den Bahnsteig auf und ab, um sich aufzuwärmen, ihre Wege kreuzten sich, und sie sahen einander an, als wüssten sie, dass sie von nun an mehr als das Warten teilen würden. Ich fragte mich, wie ich mir so sicher gewesen sein konnte, dass wir alle zur selben Generation gehörten, denn es gab einige Jüngere und einige Ältere. Dass es lebendige Wesen waren, war eigentlich alles, was ich sagen konnte, und auch, so kam es mir zumindest vor, dass manche anderen ähnelten, dass ich in ihren Gesichtern Züge anderer Gesichter erkannte, von Menschen, die unmöglich hier sein konnten, und diese Gesichtszüge blieben nur kurze Zeit, verflüchtigten sich wieder. War ich mir wirklich so sicher, dass sie lebendig waren, war ich mir sicher, dass ich selbst es war bei all den Stimmen, die ich hörte, die um mich schwirrten und sich für einige Zeit niederließen, bevor sie weiterflogen, existierten alle diese Stimmen ebenso wie die aus den Lautsprechern, wie das Stimmengewirr der Reisenden, existierten sie noch?

– Der Fluss.

– Der Fluss fließt quer durch die Stadt, durch das Zentrum.

– In nächster Nähe von uns.

– Nach dem Krieg, ein Jahr danach, verschwand ein Kind.

– Und das Gerücht ging um, sie, wieder einmal sie, hätten ein Kind entführt, um das rituelle Brot für ihre Gottesdienste daraus zu bereiten.

– Ihre gottesmörderische Religion.

– Ein Jahr nach dem Krieg, das heißt ein Jahr nach der Vernichtung, sie, die mehr als die Hälfte der Bevölkerung ausgemacht hatten.

– Sie, das heißt, wir, verstehst du?

– Es waren nur noch ein paar Dutzend, die überlebt hatten und die zurückgekommen waren.

– Sie hatten in einem Gebäude am Flussufer Zuflucht gefunden, denn sie hatten keine Zeit gehabt, ein Haus zu finden, eine Behausung, die zerstörten Stadtviertel waren noch nicht wiederaufgebaut worden.

– Dort sind sie.

– Sie sollen dafür büßen.

– Und dann kamen sie, stellten das ganze Haus auf den Kopf, fanden freilich keine Spur von dem Kind, und sie schlugen zu, töteten, sie suchten die ganze Stadt ab – keine Spur von dem Kind, aber sie waren auch nicht mehr auf der Suche nach dem Kind, sie jagten sie, ihre ewigen Feinde, die wenigen, die es gewagt hatten zurückzukehren, weil sie noch an ein Vaterland geglaubt hatten.

– An eine Zukunft geglaubt hatten, aber die Zukunft fand ein brutales Ende mit zweiundvierzig Toten und ebenso viel Verletzten.

– Sicher, keine große Zahl im Verhältnis zu den sechs Millionen.

– Aber es geschah danach, und jeder Mord zahlt nun doppelt, zählt zehn-, hundert-, tausendfach.

– Die Polizei ließ sie gewähren.

– Und die Leichen wurden in den Fluss geworfen.

– Sie suchten in der ganzen Stadt, nicht nach dem Kind, sondern nach den Überlebenden, nach den angeblichen Komplizen einer Entführung, die gar nicht stattgefunden hatte, denn sie wollten sie beseitigen.

– Einige rannten in panischer Angst zum Bahnhof und stiegen in den erstbesten Zug ein.

– Man riss sie aus den Waggons und den Abteilen heraus und warf sie auf den Bahnsteig.

– Kein Einziger war noch in der Stadt.

– Keiner mehr.

– Das Kind war inzwischen nach Hause zurückgekommen.

– Es war ausgerissen.

– Das kommt vor.

– Es gab eine Untersuchung.

– Eine oberflächliche Untersuchung.

– Einige Rädelsführer wurden verhaftet.

– Hingerichtet.

– Aber der Vater des Kindes nicht.

– Den ließ man in Ruhe.

– Ob er nachts gut schlafen konnte?

– Und wie hat dieses Kind, das damals acht Jahre alt war, später gelebt? Hat man ihm erzählt, dass es unbeabsichtigt den Tod von zweiundvierzig Menschen verursacht hat?

– Lebt es noch immer dort?

– Welchen Beruf übt es aus?

– Seinen Vater ließ man in Ruhe, aber eines Tages kamen die Gewissensbisse, die Schuldgefühle ...

– Irgendetwas veranlasste ihn zu dem Geständnis, dass er alles erfunden hatte.

– Seit langem schon trieben keine Leichen mehr den Fluss hinunter.

– Alles war gesäubert, geschliffen, wiederaufgebaut worden.

– An der Stelle, wo einst die Armenviertel lagen, kreuzten sich nun die neuen Straßen.

– Die nach Norden, Richtung Hauptstadt führen.

– Im Süden lag der Sitz des Erzbischofs.

– Der Fluss war leer.

– Wie die Hauswände.

– Wie das Gedächtnis der Leute.

– Auch der Friedhof war beseitigt, geschändet und zerstört worden.

– Und der Platz wurde zu Brachland.

– Dann zu einem Sportgelände.

– Nichts ist mehr so wie früher.

– Warum sollte man also zurückkehren?

Man kehrt nicht zurück, man kehrt nie zurück, dachte ich auf dem Bahnsteig, als die Dunkelheit hereinbrach, was man verlassen hat, hat sich, auch wenn es keine großen Umgestaltungen gegeben hat, einfach durch den Lauf der Zeit verändert, oder man selbst hat sich verändert, was auf dasselbe hinausläuft, und ich war auf dem Weg in eine Stadt, in die ich nie gereist war, aus der meine Familie stammte und in die sie nie mehr zurückgekehrt war, nie zurückkehren wollte, wegen des Flusses und aus vielen anderen Gründen, wegen der Geschichte – ich war bei meinen Reportagen immer wieder Leuten begegnet, die man vertrieben hatte und die, nachdem sich die Verhältnisse geändert hatten, nachdem ein politisches Regime gestürzt war, nicht mehr zurückkehrten, weil es so schwierig gewesen war, wegzugehen, alles aufzugeben, so schwierig, woanders ein neues Leben anzufangen oder zumindest wieder etwas aufzubauen, und weil es zu schwierig gewesen wäre, ein weiteres Mal alles aufzugeben, alles noch einmal durchzumachen, man kehrt nie zurück, dachte ich, und deshalb kann man den Sinn jener Restituierungen alter Besitztümer hinterfragen, jener Besitzungen, die beschlagnahmt worden waren und nun ihren ehemaligen, weit über fünfzig Jahre alten Besitzern oder deren Nachkommen zurückgegeben wurden, als wollte man damit sagen, macht euch keine

Sorgen, die Zeit existiert nicht, wir fangen wieder bei null an, wir beginnen von Neuem, deshalb kann man am Sinn dieser Rückgaben zweifeln, mit denen wieder dort angeknüpft werden soll, wo der Lauf der Geschichte stehen geblieben war, ohne zur Kenntnis zu nehmen, dass er nicht stehen bleibt, auch nicht dann, wenn er Umwege macht, und dass diese Umwege ihren eigenen Rhythmus haben, ihren eigenen Nutzen, und dass sie genauso existieren wie alle anderen Wege.

Und dennoch kehrten manche zurück und stellten bestürzt fest, welche Veränderungen stattgefunden hatten, sie mussten zur Kenntnis nehmen, dass die Zeit nicht stehen geblieben war, als sie meinten, sie könnten diejenigen dafür verantwortlich machen, die geblieben waren und nichts hatten bewahren können, als hätten sie selbst etwas bewahren können außerhalb ihrer Erinnerungen. Enttäuscht und ernüchtert kehrten sie von ihrer Reise zurück, es gibt nichts mehr, meinten sie kopfschüttelnd, und entmutigten jeden, der noch hinfahren wollte.

– Die Buchhandlung im Zentrum?

– Gibt es nicht mehr.

– Die Apotheke?

– Ist nicht wiederzuerkennen.

– Das Hotel?

– Zweckentfremdet.

– Sie haben gelebt.

– Sie haben nichts erhalten können.

– Sie haben alles abgerissen, dann neu aufgebaut, Neubauten, Wohnhäuser, aber vor allem …

– Vor allem?

– Haben sie keine Seele mehr.

Sie hatten ihre Seele verloren, die aus vergangenen Zeiten, und ihre innere Befindlichkeit stülpte sich über die äußere

Atmosphäre, ohne dass sie es bemerkten, ohne dass sie sich dessen bewusst wurden, die Stadt oder das Land hatten sich nicht so sehr verändert, aber zu leugnen, was übrig geblieben war, bestärkte sie in der Überzeugung, dass es richtig gewesen war, wegzugehen.

– Der Fluss war versiegt.

– Wie das Gedächtnis der Leute.

Entlang der glänzenden Schienen floss ein schmaler und tiefer Fluss ohne Leichen, irgendwo würde er in einen unbekannten Strom münden, der die Grenze zwischen zwei ehemals verfeindeten Ländern gebildet hatte oder noch bilden würde, die Jahrzehnte brauchten, um sich zu versöhnen.

Der Bruder und die Schwester hatten etwas von ihrer Herkunft bewahrt, ihre verborgene Sprache, die wie jene unterirdischen Flüsse war, die plötzlich wieder zutage treten, von denen man nicht weiß, woher sie kommen, wie lang sie sind und wo ihre Quelle liegt, deren Namen man nicht kennt, und sie hatten diese offenkundig nutzlosen Worte unversehrt im Gedächtnis behalten, die ihnen genau so wieder einfielen, wie sie sie gelernt hatten.

– Wir kommen aus einem Land, das in der Sprache bewahrt blieb.

– Das über hundert Jahre lang nur in der Sprache seiner Bewohner und in den Büchern seiner Schriftsteller fortbestand.

– Durch den Willen fortzudauern.

– Deine Sprache hingegen gibt es schon so lange ...

– Ohne Chaos und ohne in Abrede gestellt zu werden.

– Ab und an wurden einige Grenzen angezweifelt, aber nichts Grundlegendes.

– Wie die Identität.

– Zu Hause sprachen wir nicht in der Landessprache.

– Sondern in einer anderen, in der unserer Minderheit.

– Die Landessprache lernten wir erst in der Schule.

– Deshalb liegt uns so viel daran.

– Wir haben sie erworben.

– Gewonnen.

– Das gibt man nicht einfach so auf.

Und sie hatten sie in Erinnerung behalten als Zeichen für die Kämpfe, die sie geführt hatten, um sie zu erwerben, aber insgeheim, ohne ein Wort auszusprechen wie jene verstorbenen Verwandten, deren Namen man verschweigt, oder wie jene allzu schmerzvollen Begegnungen, die uns eine brennende Wunde zurücklassen, und erst neulich hatte ich diese Wörter wieder bei ihnen gehört, die ich nicht einordnen konnte, deren Klang aber an das Land erinnerte, aus dem sie kamen, und sie nach ihrer Bedeutung gefragt, und dieses eine Mal antworteten sie, es waren ganz einfache Wörter mit einer verneinenden Bedeutung – nichts, niemals –, Wörter, die geläufige Dinge bezeichneten – die Straße, Guten Tag, Guten Abend –, manchmal auch überraschende Wörter – singen, Stoff oder Leder – Nahrungsmittel – das Brot. Ein Wort tauchte auf, dann verschwand es, als wäre es in einem Wirrwarr unterirdischer Gänge verloren gegangen, und man sah es nie wieder.

– An einem Ort, wo die Toten und die Lebenden sich treffen.

Anfangs hatte ich, ohne es zu wissen, unermüdlich nach einem Bruder gesucht – ich glaubte freilich, einen Lebenspartner zu suchen, aber ich suchte auf seinem Gesicht nach Ähnlichkeiten, nach dem Widerschein meiner Gesichtszüge, meiner Unzulänglichkeiten, manchmal allerdings auch nach dem Gegenteil meiner Mängel, als ob derjenige, der an meiner Seite sein würde – oder an dessen Seite ich sein würde –, wissen müsste, was ich nicht wusste, machen müsste, was ich nicht machte, und ich täuschte mich regelmäßig, das heißt, alle Geschichten endeten auf dieselbe Weise, wir bemerkten, mal er, mal ich, dass wir nichts gemeinsam hatten, und mit der Zeit begriff ich, dass es die Augen waren oder sein Lächeln, ein bestimmter Ausdruck, die Klangfarbe seiner Stimme, ein äußerliches Merkmal, in dem ich eine Verwandtschaft zu entdecken meinte, die jedoch unzureichend war oder nicht zu ihm passte und es nicht ermöglichte, dass wir das Leben teilten. Nach einigen Erfahrungen dieser Art begriff ich schließlich, dass der Fehler bei mir lag, dass ich, Gefangene eines Modells, das mir vorgegeben war, einen Bruder suchte, dass ich mich auf der Flucht vor ihrer Lebensform nur danach sehnte, diese zu übernehmen, mich mit denselben, immer denselben Dingen, die bleiben würden, in dunklen Zimmern einzurichten – und wir würden Stunden zusammen verbringen, ohne miteinander zu reden. Gerade in dieser Zeit war ich am meisten auf Reisen, versuchte ich für einige Zeit so zu tun, als interessierte ich mich für alles und jeden, während ich die Leute beneidete, die sich im Zug, in einem Straßencafé oder am Ende der Welt unbeschwert begegneten, ich wurde es jedoch bald müde, denn es stand im Widerspruch zu dem, was ich wollte.

Sie hatten nichts anderes gekannt, einen Bruder für diese Schwester, eine Schwester für diesen Bruder, sie hatten nichts anderes sein können und sich dabei ihr ganzes Leben lang gegenseitig gehemmt, daran gehindert wegzugehen, ich hingegen hatte keinen Bruder und damit eine Chance, wie mir schließlich klar wurde, die Chance, alles andere zu bekommen.

Aber die Erkenntnis allein war nicht ausreichend, oder es brauchte Zeit, viel Zeit, die Stunde war eben noch nicht gekommen, ich war allein, und auch wenn ich dem Kurzlebigen aus dem Weg ging, so fand ich doch nicht das Dauerhafte, aber das war nicht schlimm, zumindest noch nicht, wie ich hoffte.

– Wo die Toten und die Lebenden sich treffen.

– Sich vermischen.

– In den Fluss steigen und nicht mehr herauskommen.

– Aus dem Haus gestürzt.

– Aus den Fenstern, oder aus der Stadt geschleppt auf den Bahnsteig, und fortgetragen, hochgehoben und hinausgeworfen.

– Einige waren nicht gleich tot.

– Einige wehrten sich.

– Andere nicht.

Die Gymnasiasten waren wieder aufgestanden – wegen der Kälte, die immer stärker wurde – und belegten nun einen nicht unbedeutenden Teil des Bahnsteigs, schnauzten sich lachend an und boten das Bild einer sorglosen Jugend, was zweifellos falsch, aber einprägsam war. Und plötzlich, als hätten sie es geahnt, knisterte der Lautsprecher, der Gong erklang, und eine Stimme bat um Aufmerksamkeit für die folgenden Durchsagen. Nach mehreren Anläufen bequemte sich die Stimme schließlich, darüber zu informieren, dass der Zug in wenigen Augenblicken einlaufen würde, ohne zu erklären, warum er sich so sehr verspätet hatte, noch, warum er jetzt eintraf.

Das Hin und Her wurde hitziger, schneller, die Erregung stieg an, jeder nahm sein Gepäck zur Hand, machte sich bereit, die Schienen sahen aus wie Schienen und die Nacht wie die Nacht, und plötzlich erschienen drei leuchtende Punkte am Ende des Bahnsteigs, ein weiter Horizont, wo sich andere Gleise kreuzten, die drei Lichter kamen näher – und der Zug fuhr in den Bahnhof ein.

II

Der Gattungsname für die Familie der Eigentlichen Eulen – Strigidae –, die auch Käuze, Uhus und die Schneeeule umfasst, kommt von dem griechischen Wort Stryx, das Hexe bedeutet. Es handelt sich um besonders angsterregende Raubvögel, da sie auch die Fähigkeit besitzen, in der Dunkelheit zu sehen. Nachts fliegen sie über endlose verschneite Weiten und erkunden wie am helllichten Tag dieses schimmernde, nicht leuchtende Weiß, das man sich nur schwer vorstellen kann. Als Boten fliegen sie durch Raum und Zeit und bringen denen, die auf die Zeichen warten, einen Satz, den man entziffern muss, einen Satz, der einen Sinn birgt. Stryx und Styx – wie sollte einem die Ähnlichkeit dieser Worte und ihrer Bedeutungen entgehen … Styx, der Name des – verhassten – Flusses in der Unterwelt, den man überqueren muss, der die Grenze zwischen den Lebenden und den Toten bildet. Auf der einen Seite diejenigen, die noch da sind, und auf der anderen diejenigen, die in Charons Barke übergesetzt haben und im Totenreich angekommen sind. Dort gibt es kein Zurück, dort ist kein Zögern möglich, schon die Lebenden sind dazu bestimmt, zu Toten zu werden, und im Zwischenreich, in dem sie sich jetzt befinden, versuchen sie nicht, zurückzukehren, von nun an treibt sie etwas an, weiterzugehen, zum anderen Ufer überzusetzen. Ihr Weg hat begonnen – sie sind in die Unterwelt hinabgestiegen –, sie haben manchen Fluss überquert, andere warten noch auf sie, Lethe, der Fluss des Vergessens, Acheron, der Fluss des Leidens, und sie verharren am Ufer, Schattengestalten bereits und keine Menschen mehr, und nichts hält sie mehr am Leben als ein vages Bedauern, einzelne Bande, die dazu verurteilt sind, im Fluss des Vergessens unterzugehen.

Mir gegenüber saß eine Frau, die ich auf dem Bahnsteig nicht bemerkt hatte, die aber eine besondere Ausstrahlung hatte, eine gewisse von Traurigkeit durchzogene Sanftheit in den Gesichtszügen und graumeliertes, im Nacken zu einem Knoten gebundenes Haar, ja, sie wirkte schwer- und sanftmütig zugleich. Ich hätte schwören können, dass sie nicht auf dem Bahnsteig gestanden hatte, sondern plötzlich da war wie eine Erscheinung, eine Emanation des Ortsgeistes. Außerdem reiste im Abteil noch ein Pärchen mit, das nur mit sich selbst beschäftigt zu sein schien, und ein noch recht junger Mann – wir alle würden also die nächsten fünfzehn Stunden zusammen verbringen, darunter die Nachtstunden, in denen jeder auf seiner Liege lag, sich der Anwesenheit der anderen aber bewusst war.

Sie war ins Abteil getreten und hatte sich nach einigem Zögern – nachdem sie noch einmal auf ihrer Fahrkarte nachgesehen hatte – mir gegenüber auf den Fensterplatz in Fahrtrichtung gesetzt und vage gelächelt. Ich sah ihre kleine Tasche und dachte: So wenig für eine so lange Reise. Der Zug setzte sich langsam in Bewegung und wurde allmählich schneller, auf meinen Knien lag ein Buch, das ich nicht las, weil es mir nicht gelang, mich zu konzentrieren, ich hätte gern die Landschaft betrachtet, als hätte jeder Baum im Wald mir etwas zu erzählen, aber die Nacht hüllte den Beginn meiner Pilgerfahrt in Dunkelheit, als wollte sie mich warnen, du darfst nicht warten, du glaubst, du wirst viel sehen, aber vielleicht siehst du gar nichts. Die Frau blätterte lustlos in einer Zeitschrift, wohl vor allem, um die Zeit totzuschlagen. Der Zug hielt am nächsten Bahnhof, in der Grenzstadt, doch wir, die wir hier die Grenze passierten, die wir wirklich reisten, blieben unter uns, denn in unserem Abteil stieg niemand zu oder aus. Dann kamen der Zoll, die Polizei, Kontrollen, die sich je nach Epoche als harmlos oder schrecklich erweisen konnten, aber wir lebten in einer ruhigen Zeit – in diesem Teil der Welt gab es weder Krieg noch Spannungen, und der Eiserne Vorhang war schon vor langer Zeit gefallen, Wachhunde, Stacheldraht, lange Wartezeiten, das alles war nur noch Erinnerung (der Eiserne Vorhang verlief zwar nicht hier, aber auch die Grenzen zwischen den Bruderländern unterlagen strengen Kontrollen), und dennoch spürte jeder einen Hauch der einstigen Spannungen, vor allem an diesem Ort, der Oder, dem Grenzfluss zwischen Deutschland und Polen, der viele Tote mit sich geführt hatte und schwer umkämpft war, und der Brücke zwischen Frankfurt und Słubice, auf der sich Fußgänger und Fahrzeuge nun frei bewegen konnten, die oft jedoch kein schönes Ausflugsziel gewesen war. Alle hatten gültige Ausweise, und weder Polizei noch Zoll durchsuchten irgendein Gepäckstück, aber instinktiv entspannten sich die Gesichter, als die Hüter von Ordnung und Gesetz das Abteil verließen. Erst jetzt fand das Warten auf den Zug wirklich ein Ende, war das drohende Schicksal abgewendet, das über uns geschwebt und diese ungeklart gebliebene Verspätung hervorgerufen hatte.

Die Frau gegenüber lächelte mir zu, als teilte und verstünde sie meine Gedanken, als hätte auch sie Anspannung und danach Erleichterung erlebt. Sie sprach ausgezeichnet Französisch, auch wenn sie das Gegenteil behauptete – sie hatte einige Jahre in Paris gelebt –, und fragte mich, ob ich weit fahren würde.

»Nach Kielce«, sagte ich – es war das erste Mal, dass ich diesen Namen aussprach, zumindest hatte ich den Eindruck, auch wenn ich die Stadt sicher schon beim Kauf der Fahrkarte genannt hatte, aber es war das erste Mal, dass ich ihn zu jemandem aus diesem Land sagte, zu jemandem aus Polen, und das, während der Zug gerade auf polnisches Gebiet fuhr und die Nacht uns empfing.

Sie schien erstaunt zu sein, kein Wunder, es war keine touristische Stadt, sondern eine normale, nicht besonderes anziehende mittlere Großstadt. Sie stellte mir einige Fragen, nicht zum Ziel, aber zu den Wegen, auf denen ich dorthin gelangen wollte, man musste umsteigen, und ich hatte vorgehabt, in Warschau zu bleiben und dort einige Tage zu verbringen, aber angesichts der Verspätung des Zuges hatte ich meine Pläne geändert, und nun wollte ich zuerst bis Kielce fahren, in die Stadt, aus der meine Familie stammte, denn ich wusste noch nicht, wie lange ich dort bleiben würde, und ich wollte mich möglichst frei fühlen. Dann fragte ich sie, wohin sie fahre.

Ich bin mir nicht sicher, aber ich glaube, sie zögerte einen Moment, bevor sie antwortete:

»Ich fahre nach Oświęcim.«

Plötzlich stand das Wort im Raum und wirkte wie ein Schock, sie hatte gezögert, dessen war ich mir jetzt sicher, zweifellos hatte sie sich gefragt, ob sie antworten sollte, vielleicht auch nur ausweichend, dann hatte sie sich zur Wahrheit entschlossen, und das Wort hallte nach, schlug selbst bei denjenigen ein wie eine Bombe, die uns nicht verstanden, weil wir Französisch sprachen, es tauchte auf wie ein Monster – und es brauchte einige Zeit, bis sich die Wogen wieder glätteten. Der Wort, mit dem sie ihr Reiseziel genannt hatte, war der polnische Name für Auschwitz. Als sie mich ansah, wusste sie, dass es mir bekannt war.

»Das ist auch eine Stadt«, sagte sie.

Eine Stadt mit ihren Bürgern und Geschäften, und dennoch, was für eine sonderbare Adresse, was für ein eigenartiger Horizont!

»Eine Industriestadt«, fügte sie hinzu, »ein Verkehrsknotenpunkt, und deshalb …«

Sie hielt abrupt inne – Schweigen machte sich breit. Der alleinreisende Mann las Zeitung, das Pärchen unterhielt sich, und ich spürte, dass ich etwas sagen musste, damit keine Stille eintrat, die noch schmerzhafter wäre als der Name Oświęcim und sein Nachhall, aber es war schwierig, eine Antwort zu finden, denn der Name ließ uns erstarren, versetzte uns in eine andere Zeit, an andere Orte, aus meiner Familie waren alle, die nicht nach Frankreich ausgewandert oder vor dem Krieg gestorben waren, dort umgekommen, ich kannte sie nicht, kannte weder ihre Namen noch ihre Gesichter, aber sie verfolgten mich, eine stumme Schar, die manchmal nachts durch meine Träume zog.

– Wir sind von dort.

– Das war unser einziges Zuhause?

– Wir haben Monate dort verbracht.

– Wochen, Jahre.

– Ihr habt uns zurückgelassen.

– Allein.

– Wir hätten alle zusammen weggehen müssen.

– Oder bleiben müssen.

– Aber wir hätten uns nicht trennen dürfen.

– Uns aufspalten.

– Unsere Schwäche offenbaren.

– Uns aufgeben.

– Eine Familie.

– Wisst ihr, was das heißt?

– Waren wir nicht verpflichtet?

– Zu Solidarität.

Nachdem ich mich aus dem Abgrund des Namens gequält hatte, sprach ich den ersten Gedanken aus, der mir in den Sinn kam, eine Folge von Worten, um einen Ausweg zu finden:

»Fahren Sie zu Besuch dorthin?«

»Nein, ich wohne dort.«

Eine Stadt hat Einwohner, das ist normal, einige Tausend, Zehntausende, die genaue Zahl musste in meinem Reiseführer stehen, mit Angaben zur örtlichen Industrie, vielleicht einem Stadtplan, einer Beschreibung des Stadtzentrums, des Bahnhofs, wie man hinkommt und wie man wegkommt – Oświęcim, hatte sie gesagt, ich wohne dort. Verzweifelt suchte ich nach einer Antwort, wenngleich sie keine Frage gestellte hatte.

»Keine Angst«, meinte sie, »ich bin das gewohnt – natürlich spreche ich nicht mit jedermann darüber, glauben Sie das bloß nicht, aber ich kenne die Stille, die dem Aussprechen dieses Namens folgt. Es ist wie die Stille, die auf eine Todesnachricht folgt, wie das Zögern, bevor man seine Anteilnahme ausdrückt, wenn man nicht weiß, welche Worte man wählen soll, welchen Ton – aber hier gibt es keine Anteilnahme auszudrücken.«

»Wohnen Sie schon lange dort?«

Ich schaffte es tatsächlich nicht, den Namen der Stadt auszusprechen, und das nicht wegen der schwierigen Aussprache.

»Ich bin dort geboren«, sagte sie. »Als das Lager gebaut wurde, zu Beginn des Krieges, war ich kaum drei Jahre alt. Ich habe wenig Kindheitserinnerungen, und wie ich feststellte, gibt es Leute, die viele Erinnerungen haben, und andere haben keine, und die verhalten sich ganz anders im Leben, als würden solche Erinnerungen eine solide Basis bilden, auf die man sich stützen und sein Leben errichten könnte. Ich war klein und begriff nichts, aber es herrschte eine bestimmte Atmosphäre, obwohl wir im Zentrum wohnten, zwei oder drei Kilometer vom Lager entfernt, eine Bedrücktheit, eine Niedergeschlagenheit, die nicht normal war. Meine Eltern sprachen vielleicht untereinander darüber, abends, wenn ich schlief, vielleicht auch die Leute in den Geschäften, aber ich glaube, eher nicht, es herrschte vielmehr ein bedrückendes Schweigen, und die Leute sahen sich nicht in die Augen. Ein Kind spürt das, auch wenn es nichts dazu sagen kann.

Später habe ich mit der Schule das Lager besucht, ich entdeckte das Entsetzliche jener Qualen, die sich bis zu uns erstreckten, die Baracken standen noch dort, im selben Zustand, und so begriff ich schließlich, woher dieser Schmerz rührte, der mich nie verließ, und ich dachte, hier kannst du unmöglich leben, und ging weg.«

Sie verstummte, als müsste sie Atem schöpfen oder die Wirkung ihrer Worte abwarten. Beim Zuhören hatte ich mich gefragt, warum sie mir das erzählte, warum mir das, kaum dass ich die Grenze überschritten hatte, auf meiner ersten Reise nach Polen passierte. Auf einmal beneidete ich das Pärchen, das sich nur für sich selbst zu interessieren schien, und den Mann, der seine Zeitung las, unerreichbar für das viele Unglück, von dem sie berichtete, ich beneidete all die Leute – sie, und andere [illegible], die dem Schatten über unserem Leben entgangen waren, den Jahrhundertkatastrophen und ihrer Verdrängung, ihrem Gedenken, den Worten und dem Schweigen, das sie hervorgerufen haben.

»Ja, ich wollte weggehen«, nahm sie den Faden wieder auf, als sie sah, dass sie fortfahren konnte, oder weil sie sich schon zu weit vorgewagt hatte und jetzt zu Ende erzählen musste, »und so ging ich nach Krakau und studierte dort Literaturwissenschaften. In den engen Gassen, die von alten Häusern gesäumt waren, konnte ich endlich frei atmen, konnte ich gehen, ohne dass mich irgendetwas an etwas anderes erinnerte als an eine ruhmreiche Vergangenheit, und trotz des Regimes, das bisweilen die Zügel anzog, fühlte ich mich frei.

Wenn ich zurückkam, um meine Eltern zu besuchen, spürte ich die Bürde, die erdrückende Last von Oświęcim. Natürlich gab es die Chemiefabriken, die Umweltverschmutzung, viel schlimmer aber war die Verschmutzung der Geschichte. Einmal, als die Diskrepanz für mich noch unerträglicher war als sonst, versuchte ich mit meinen Eltern darüber zu sprechen, aber sie wollten nichts sagen. Wir wohnten weit weg, sind nie dort vorbeigekommen, es lag am Stadtrand. Wir waren die ersten Opfer, meinte mein Vater noch, die einzigen. Meine Mutter sagte, dass sie natürlich wussten, dass dort irgendetwas Schreckliches passierte, und dass sie Angst hatten, auch dorthin geschickt zu werden, mehr als die anderen, weil wir nebenan lebten.

Vielleicht war es diese Angst, die ich gespürt hatte. Ich muss Ihnen sagen, dass unsere Geschichte damals als Heldengeschichte erzählt wurde, die sich zwischen Märtyrertum und Widerstand abspielte, und Oświęcim lag an der Kreuzung dieser Wege, die Einwohner waren doppelt belastet, litten unter einer besonderen, einer schwarzen, entsetzlich schwarzen Aura. In der Schule hatte man uns erklärt, dass dieser Teil der Geschichte in einer Reihe mit den Kriegen und Teilungen stand, Unterschiede zwischen den Opfern machte man nicht, und kein einziges Mal wurde die Rassenverfolgung, die Vernichtung, die Endlösung erwähnt. Man verwies auf das Massaker von Katyn – die Erschießung der polnischen Offiziere, deren Leichen man in Gräben in einem Wald verscharrt hatte, soll von den Nazis begangen worden sein, obwohl es in Wirklichkeit die Sowjets waren –, auf den Widerstand, doch die Rote Armee hatte auf der anderen Seite der Weichsel gewartet, bis die Deutschen den Aufstand von Warschau niedergeschlagen hatten, bevor sie einmarschierten, danach konnten sie sicher sein, auf keine anderen Widerstandkämpfer mehr zu treffen, auf keine anderen Funktionäre eines künftigen Regimes als diejenigen, die sie bereits ausgebildet hatten – diese Wahrheiten dämmerten uns erst allmählich, kamen spät ans Tageslicht, darunter auch die über die Todgeweihten von Auschwitz, die namenlos geblieben waren, wie von der Geschichte ausgeschlossen.

Sie wollten immer anders sein, sagte mein Vater, als ich die Frage ein andermal, lange Zeit nach dem Regimewechsel, anschnitt. Sie lebten unter uns, ohne mit uns zu leben. Kein Wunder, dass es so kam.

Nach Ende des Studiums wollte ich polnische Literatur unterrichten, und so ging ich mit fast missionarischem Eifer zurück nach Oświęcim. Auf einmal hatte ich Mitleid mit der Stadt, die weniger schön war als Krakau, aber ein Zeichen, ein Symbol für Verlorenheit, für Rechtlosigkeit. Ohne zu wissen, warum, hoffte ich, dass sich die Hässlichkeit – wie im Märchen – eines Tages in Schönheit verwandeln würde.

Ich habe lange Zeit mit dieser Illusion gelebt, auf ein Ereignis gewartet, das zeigen würde, freilich ohne das Geschehene in Abrede zu stellen, dass Oświęcim nicht nur dies ist. Ich suchte vergeblich danach, und in der Schule sah ich Jahr für Jahr junge Leute auf ihrem Weg, junge Frauen, die sich zwar immer weiter von jener Zeit entfernten, die aber, ohne es zu wissen, von diesem Ort, von diesem Namen geprägt waren. Ich sah, wie sie schweigsam und höflich waren wie ich einst, und wie dieselben Gedanken sie bedrückten. Deshalb beschloss ich in einem Jahr, den Unterricht so zu beginnen:

Wir leben hier, jeder Einzelne von uns, unter der Herrschaft eines Schweigens. Etwas hat einen Schatten über unsere Stadt geworfen, sie mit bedrohlichen Alpträumen zugedeckt, und wir tun so, als ob wir es nicht wüssten. Keine Stadt auf der Welt wird zugleich so häufig und so wenig besucht, denn die Leute kommen nach Auschwitz und nicht nach Oświęcim, aber die Verdammung dieses Namens erstreckt sich auch auf uns, und wir irren durch die leeren Straßen, die voll des Abscheus und des Schmerzes der Besucher sind, und wir spüren, wie beides auf uns abfärbt. Ich rate Ihnen, nicht so zu tun, als ob es das nicht gäbe, nicht so zu tun, als ob uns das nichts anginge – ich meine nicht Auschwitz, wo Sie vermutlich alle schon einmal mit dem Gymnasium waren, sondern Oświęcim, das Leben der Schatten. Jeder von Ihnen kann frei darüber reden, und anschließend beginnen wir mit dem Unterricht.«

»Und haben sie darüber geredet?«

»Wissen Sie, sie waren es nicht gewohnt, wir hatten einen Lehrplan, den wir erfüllen mussten, und es bestand sogar die Gefahr, dass jemand sich beschweren würde, aber wir waren durch ein Geheimnis verbunden, durch diesen Namen und diese Schatten, die mächtiger waren als die Konformität. Ich hielt diese Ansprache jedes Jahr, sogar während des Kriegszustands, ohne dass etwas passierte, und ich hatte jedes Jahr den Eindruck, dass der Literatur, sobald jeder erst einmal die Last abgeschüttelt und sich von einem bis dahin unbekannten Anfangsschmerz befreit hatte, eine große Bedeutung zukam, ein umfassender Sinn, weil wir wussten, dass wir nicht umsonst da waren und dass sie uns vielleicht Antworten geben oder weitere Fragen stellen würde.«

»Aber haben sie darüber geredet?«, fragte ich noch einmal. »Und was haben sie gesagt?«

»Sie sagten jedes Jahr dasselbe, beklagten die Ungerechtigkeit, all das tragen zu müssen, als ob wir dafür verantwortlich gewesen wären, oder das Entsetzen, die irrationalen Schuldgefühle, von denen man sich nicht freimachen kann. Stellen Sie sich einmal die Bäckersöhne vor – wie sollte man in den Öfen von Oświęcim Brot backen –, die Metzgerstöchter –

wie sollte man in Oświęcim schlachten und Fleisch zerteilen –, die Kinder von Gefängniswärtern oder Polizisten, von Kleiderhändlern, kein Beruf war ausgenommen, in keiner Familie wurde darüber gesprochen, und die Kinder lebten mit diesem bedrückenden Schweigen, wie ich damit gelebt hatte, verdunkelt von einer Wolke, die sie nie als solche erkannt hatten und die sie an diesem Tag endlich beschreiben konnten. Danach wollten sie alle weggehen wie ich damals, denn sie dachten, ihr Leben sei anderswo leichter, sie gingen nach Krakau, um dort zu studieren, und schrieben mir Briefe, endlich weiß ich, was eine Stadt ist, endlich sehe ich Straßen, die eine ehrbare Geschichte haben, endlich andere Epochen, auf die man zurückblicken kann. Ich konnte sie gut verstehen, schließlich war ich auch weggegangen, hatte dieselben Straßen, dasselbe Schloss und dieselbe Kirche wie sie vorgefunden, hatte gemerkt, wie sich mir der Horizont auftat, aber ich war zurückgekehrt, und manche von ihnen kamen auch zurück, als würde der Abgrund, der Schlund sie anziehen.«

Es war immer noch Nacht, und während der Zug durch Polen fuhr – durch endlose, in Dunkelheit getauchte Ebenen, die bis Sibirien reichten – mit diesem seltsamen Bericht als Geleitbrief, verfolgten mich diese Worte, die Gesichter dieser unbekannten Jugendlichen, die nacheinander erschienen und ihre Geschichte erzählten, Zeugnis ablegten, und ihre Stimmen mischten sich in einem unermüdlichen Chor.

– Wie soll man hier Brot backen?

– Und das Fleisch zerteilen?

– Anzüge schneidern?

– Und Gefängnisse bewachen.

– Diebe verhaften.

– Mit dem Zug fahren.

– Die Weichen stellen.

– Wie?

»Nachts«, hatte sie erzählt, »bin ich manchmal wach geworden, ich war schweißgebadet, mein Herz pochte vor Angst – ich hatte einen Traum, an den ich mich nicht erinnerte –, und dann fasste ich den Entschluss, wegzugehen. Ich wollte das Schuljahr beenden und dann um meine Versetzung in irgendeine andere Stadt bitten, nur nicht mehr hier bleiben. Aber als ich vor den nächsten Schulklassen stand, verzichtete ich auf mein Vorhaben, ginge ich nämlich weg, würde ich sie verraten wie der Kapitän eines vom Schiffbruch bedrohten Schiffes, der sich nachts in einem Rettungsboot auf und davon machte. Es war klar, dass ich bleiben musste – was hätte ich woanders auch tun sollen?«

Ja, in der Dunkelheit des Zuges sah ich diese verängstigten Gesichter, die umherirrenden Menschen, ich sah eine Stadt bevölkert von Schattengestalten, die in die Hölle hinabgestiegen und plötzlich wieder zurückgekommen waren, die ins Leben geworfen waren, ohne zu wissen, wie sie leben sollen. Die Erinnerung, dachte ich, ist das schlimmste Gift, sie lässt uns in anderen Zeiten leben, dabei ist, wie ich feststellte, unsere Zeit fest verwurzelt und beruht auf den Verzweigungen der Vergangenheit, die uns umschlingen wie Urwaldlianen – wie können wir uns davon befreien? Anders gesagt, warum sonst wäre ich hierhergekommen, warum sonst hätte ich das Bedürfnis gehabt, den Ort nicht zu besuchen, sondern dorthin zurückzukehren, als gäbe es ein Band zwischen den Generationen, das dafür sorgte, dass die spätere Generation vollendete, was die vorherige Generation nicht zu Ende gebracht hatte; dass die nachfolgende Generation wiederaufnahm – wiederaufzunehmen versuchte –, was die vorausgegangene hatte liegen lassen. Deshalb saß ich in diesem Zug, deshalb schlief ich nicht, sondern versuchte, mit der Erinnerung dort anzuknüpfen, wo sie den Faden hatten fallen lassen, und das ausgerechnet zu dem Zeitpunkt, als sie ihr Gedächtnis verloren. Auf ihren Spuren, dachte ich, aber auf blassen, verwischten, verleugneten Spuren.

In Gesicht und Figur waren sie sich ähnlich, zwar trennte sie ein Jahr, doch im Geist waren sie Zwillinge, und die Krankheit sorgte dafür, dass die Ähnlichkeiten deutlich hervortraten – es waren dieselben Ausdrucksweisen, dieselben Gesten und allmählich auch dieselben Worte, die davonschwammen, bei diesem Schiffbruch untergingen. Zuerst waren es die Eigennamen von Dingen aus ihrer Umgebung, die ihnen eigentlich so vertraut waren, dass man sich Sorgen machen musste, U-Bahn-Stationen, Ferienorte, ganze Länder, alles stürzte ins Vergessen.

– Wie heißen Sie?

Schweigen.

– Ihr Name?

Solche Versuche scheiterten, versanken im Abgrund eines immer unermesslicheren Schweigens, das unheimlich wurde. Verstanden sie die Frage nicht, oder wussten sie ihren Namen wirklich nicht mehr? Es schien keine Beziehung mehr zu geben zwischen einer Frage und einer Antwort, zwischen den Wörtern und ihrer Bedeutung – zuerst verschwand der Vorname, als wären sie immer nur Mitglieder einer Familie und nie Individuen gewesen, Angehörige eines Clans, dessen Zerrüttung soeben verkündet worden war, und dann der Nachname.

Denn eines Tages, als die Sorgen größer wurden, musste ich feststellen, dass etwas passiert war, ich musste den Bruder davon überzeugen, zum Arzt zu gehen, dann musste ich ihn dorthin begleiten, und einige Monate später denselben

Weg mit der Schwester gehen, um dasselbe Urteil entgegenzunehmen, es war dieselbe Krankheit. Sie wussten nichts davon, ich allein nahm den Namen Alzheimer mit, den ich wie jedermann irgendwo schon einmal gehört hatte, ohne ihm Aufmerksamkeit zu widmen. Von nun an musste ich lernen, mich in dieser traurigen Landschaft zu bewegen, mich entsprechend zu benehmen und keine Angst vor dem zu haben, was allmählich erlosch.

– Wie heißt der Präsident der Republik?

– Welchen Tag haben wir heute?

– Welches Jahr?

– Und wie heißen Sie?

– Keine Antwort – Schweigen.

Er hört nicht richtig, der Arzt spricht nicht laut genug, dachte ich und versuchte einen Grund zu finden, um nicht in den tiefen Gewässern zu ertrinken, die über uns zusammenschlugen, über dem Bruder und mir – denn auch er bemerkte sein Schweigen und versank immer tiefer darin, und je mehr er schwieg, umso schwieriger wurde es für ihn, noch zu sprechen – er hört nicht gut, dachte ich, oder er versteht es nicht richtig, die Wörter sind zu schwierig, Französisch ist nicht seine Muttersprache, die Situation macht ihm Angst – das alles stimmte zwar, aber es gab eben auch das Loch, das sich immer tiefer in sein Gedächtnis grub. Und ich wiederholte lauter für ihn, wie heißt du, ich blieb beharrlich, so dass er schließlich seinen Nachnamen angab, und dieser schwer erkämpfte Sieg erwies sich bald als Niederlage.

– Schreiben Sie.

– Was Ihnen gerade durch den Kopf geht.

Der Arzt stellte diese festgelegten Fragen, um seine Diagnose zu überprüfen, doch der Bruder hatte noch nie schreiben können, ich musste es sagen, um zu verhindern, dass das

Schweigen noch länger andauerte, und – das war noch vor den Fragen nach der Identität, bevor das Ausmaß des Unheils ermessen war – ich allein konnte die Situation beenden, Schluss damit machen, ich musste die richtigen Worte finden, damit der Neurologe mich verstand, ohne den Bruder zu verletzen, der neben mir stand und litt. Schließlich sagte ich mit pochendem Herzen, er habe immer große Probleme mit dem Schreiben gehabt, und der Neurologe kehrte zu einfacheren Fragen zurück.

– Welchen Tag haben wir heute?

– Welches Jahr?

– Wie lautet Ihre Adresse?

– Welches Land?

Der Zustand Ihres Vaters ist mit den Tests nicht mehr zu bewerten, sagte der Neurologe – im Gegensatz zu dem, was ich immer gedacht hatte, hatte ich also einen Vater, und dieser Vater litt an der Alzheimerkrankheit, alles kehrte zu mir zurück, oder vielmehr, schlug über mir zusammen.

Der Zug fuhr schneller, zu schnell, wohl um die Verspätung aufzuholen, er raste durch die Birkenwälder und die dunklen Dörfer, vorbei an aufgelassenen Industriegebäuden, quer durch ein vernachlässigtes Land. Mit jeder Radumdrehung versuchte er die Geschichte auszulöschen, und ich tat so, als wäre dieser Nachtzug wie jeder andere, aber zuvor hatte es viele Jahre gedauert, bis ich einen Nachtzug nehmen konnte, ohne an den Weg der Deportierten in den Viehwaggons zu denken, egal, woher der Zug kam, egal, wohin er fuhr.

Polen war ein Enigma, wie seine Sprache, die sich meinen Annäherungsversuchen aufgrund der Aussprache, der Grammatik entzog, eine Sprache, in der alles dekliniert wurde, Gattungsnamen ebenso wie Eigennamen, Adjektive, Pronomen, in der alles konjugiert wurde, die Verben natürlich, aber auch bestimmte unterordnende Konjunktionen, wie beispielsweise »damit«. Das »damit« in »damit du kommst« ist anders flektiert als in »damit ich komme«. Und das war – bei weitem – nicht die einzige Schwierigkeit, denn es ist entmutigend, eine Sprache zu lernen, von der man weiß, dass man sie nie wirklich beherrschen wird. Aber das war sicher nicht der einzige Grund, es gab sicher auch einen inneren Widerstand aufgrund der Geschichte, der komplizierten Beziehungen, die ich zu meiner Familie hatte. Polen waren – nach der Etymologie – Menschen der Ebene, während ich das Meer liebte. Wenn sie an die Ostsee fuhren, hatte man mir erzählt, sprachen sie nicht von der Ostsee, sondern sagten einfach nur ›Meer‹, weil sie nur das eine hatten.

Der Zug war schließlich wieder langsamer geworden, und das schwindelerregende Gefühl einer absurden Geschwindigkeit, die nur in einem schlimmen Unfall, einer Entgleisung enden konnte, dieses Gefühl war verschwunden.

»Verstehen Sie mich richtig«, hatte die Frau gesagt. »Zuerst habe ich alles wissen wollen, ich habe alles gelesen, was es darüber zu lesen gab, dann bin ich hingegangen, ich habe es besucht, wenn man so sagen will, allein, in stillem Gedenken, ich wollte es mit eigenen Augen sehen, um davon erzählen zu können. Dann habe ich Leute aufgesucht, die alt genug waren, um sich zu erinnern. Ich sagte ihnen, dass ich ein Buch schreiben wolle – das stimmte damals vielleicht auch –, einige waren misstrauisch, da sie Angst hatten vor dem gedruckten Wort, vor dem, was bleiben würde, andere wiederum ließen sich durch die Aussicht, dass ihre Worte überdauern würden, zum Erzählen anregen. Nebenher machte ich mir Notizen für den Fall, dass die Aufnahmen nicht klappten, aber auch, um mir eine Haltung, eine Rolle zu geben und nicht Gefangene einer Erzählung zu werden, die wie ein langsam wirkendes

Gift in mich eindrang. Wenn ich nach Hause kam, fertigte ich sofort Abschriften an, um Abstand zu gewinnen und zu vergessen – aber natürlich konnte ich nichts vergessen, die Seiten sammelten sich in einem Ordner an, in dem sie strandeten wie nach einem Schiffbruch, und je mehr es wurden, umso nutzloser erschien das alles. Was sollte ich damit tun? Welches Buch all jenen hinzufügen, die schon geschrieben waren? Sicher, es gab immer das eine oder andere neue Detail mitzuteilen, aber ich taugte nicht für diese Aufgabe, und wenn ich etwas beizutragen hätte, dann sicher nicht in dieser Form. Meine Eröffnungsrede, die Einleitung zu meinem Unterricht genügten mir nicht, es sollte etwas anderes sein, ich suchte danach, die Zeit verging – es kam jener Herbst, in dem die alten Regime fielen, auch unseres, das nahm mich völlig in Anspruch, lenkte mich für längere Zeit von Oświęcim ab, auf einmal schien sich die Welt zu weiten, der Horizont tat sich auf, ebenso die Grenze. Wir konnten nun reisen wie andere Menschen, uns frei bewegen, wie soll ich sagen, die Zeit schien auf andere Weise zu vergehen, wie ein gefrorener Fluss, der plötzlich wieder zu fließen begann. Aber es brauchte nicht viel Zeit, bis ich begriff, dass auch das ein Trugbild war, dass der Fluss nie zu fließen aufgehört hatte, dass er nicht festgefroren war, dass all das zu unserer Geschichte gehörte und die Frage nach Oświęcim folglich nicht beantwortet war.«

Hätte diese Frau auch mit mir gesprochen, wenn der Zug nicht diese große Verspätung gehabt hätte, fragte ich mich in der Nacht, die mir vorkam, als wollte sie nicht mehr weichen, und wenn ja, hätte sie auch dann dieses Thema angeschnitten – wenn es überhaupt ein Thema war?

»Unsere Welt veränderte sich«, sagte sie, »Waren und Geld zirkulierten, auch die Leute, auf den Märkten wurden

Nahrungsmittel angeboten, die man früher nie gesehen hatte, Bananen, Zucchini, Auberginen – Obst und Gemüse, das früher diejenigen mitbrachten oder beschrieben, die reisen durften, konnte nun jeder kaufen, vorausgesetzt natürlich, man hatte Arbeit und Geld, um diese Dinge zu bezahlen. Unsere Zeitungen berichteten nun aus Ländern, die man bis dahin ignoriert oder verschmäht hatte, unter anderem auch aus Japan.«

Ich versuchte ihrer Erzählung zu folgen, mich der Schläfrigkeit zu entziehen, die durch das Warten, den fahrenden Zug und die Umwege eines Gedankens hervorgerufen wurde.

Ich verstand nicht, wie sie plötzlich auf Japan kam, vielleicht hatte ich eine Überleitung, ein wichtiges Wort nicht mitbekommen, aber ich wagte nicht, sie zu bitten, es zu wiederholen ich hörte zu und hoffte, den Moment wiederzufinden, in dem der Fluss, wie sie sagte, wieder zu fließen begann.

– Du wendest dich ab.

– Hörst der Geschichte anderer zu.

– Damit du nicht an deine eigene denken musst.

– Du hast fern von allem gelebt.

– Fern von dir.

– Und du machst so weiter.

Ich empfand sie als ungerecht, denn auch wenn ich zu bestimmten Zeiten geflohen war – was nicht unbedingt stimmte –, bewies diese Reise doch, dass ich zum Wesentlichen zurückkehrte.

– Glaubst du.

– Aber du bist auf dem Holzweg.

– Wieder einmal.

– Es liegt nicht dort.

– Dieses Land wird dir nichts Gutes bringen.

– Man muss dort bleiben, wo man ist.

– Man muss zu Hause bleiben.

Zu Hause? Glaubt ihr denn, ich wüsste, wo das ist, hätte ich gerne gesagt, aber diese Stimmen redeten zwar, hörten jedoch nicht zu, sie stellten zwar Fragen, antworteten jedoch nicht. Die Frau im Zug wusste wenigstens, dass Oświęcim ihr Zuhause war, auch wenn sie darunter litt, ich aber, die mit der seltsamen Triade aus Mutter, Bruder und Schwester leben musste, hatte immer den Eindruck gehabt, irrtümlicherweise da zu sein, und dieses Gefühl nahm ich überallhin mit, wohin ich ging – die Jahre im Ausland hatten nichts daran geändert. Andere Menschen lebten in ihrer Umgebung mit einer Gewissheit, die einen Grund hatte, der bei mir nicht gegeben war, und die ihnen jeden Zweifel über ihre Existenz nahm, während ich am Rand der Welt stand. Mir fehlte etwas Unersetzbares, das ich nicht analysieren konnte, etwas Existenzielles, das mich absonderte und daran hinderte, ein Zuhause zu finden, und dadurch unterschied ich mich von ihnen. Denn die Triade aus Mutter, Bruder und Schwester brauchte mich nicht für ihr Leben, schlimmer noch, ihr Leben schloss meines aus. Der Bruder war eines Tages versehentlich entkommen und hatte die Frau kennengelernt, die meine Mutter wurde, aber ihre Macht war nicht groß genug, um ihn aus seiner Welt – seiner Herkunft – herauszureißen, und aufgezehrt von einer Geschichte, die nicht ihre war, mit der sie sich abmühte, hatte sie die Waffen gestreckt, es nützte ihr nichts, von einer Atmosphäre eingefangen zu sein, die ihr fremd war, bis diese Atmosphäre sie erstickte und eine Krankheit, über die ich nichts wusste, sie hinwegraffte. So weit ich zurückgehen konnte, ich landete immer bei dieser Triade, der statischen Szene auf Rubljows *Dreifaltigkeitsikone*, auf der keine Person diejenige ansieht, von der sie angesehen wird, der Bruder betrachtete die Mutter, die auf die Schwester blickte, die den Bruder ansah, und keiner von ihnen sah darüber hinaus, niemand betrachtete mich, und ich wohnte dieser gewaltfreien, geschlossenen Gesellschaft bei – gewaltfrei bis auf die Unkenntnis und Ablehnung der Welt.

»Die Geschichte öffnete sich für uns«, fuhr die Frau fort, »für andere Gegenden, aber auch für andere Fakten, andere Interpretationen. Auf einmal begriff ich, dass ich meine Erfahrung mit anderen Erfahrungen vergleichen musste, mit anderen Ereignissen, anderen Umständen, und gerade in dieser Phase musste ich an Hiroshima denken, nachdem eine Zeitung auf den Jahrestag hingewiesen hatte. Ich musste jemanden aus Hiroshima treffen, Menschen, die jene Ereignisse durchgemacht hatten, andere, die danach geboren waren, ich musste dorthin oder auf die eine oder andere Weise in Kontakt mit ihnen treten. Wir teilten die Erfahrung eines Städtenamens, der mit einer Katastrophe verbunden war, wir standen vor derselben Frage, wie wir dem entgehen, wie damit leben – wie danach leben können.«

Zur Dunkelheit war jetzt noch Nebel hinzugekommen, im Fenster sah man nur das Spiegelbild unseres Abteils, und in diesem Moment trat ein Zugbegleiter ein, um die Liegen herzurichten. Wir gingen auf den schmalen Gang hinaus, hielten uns am Handlauf fest, während draußen die unsichtbare Landschaft vorbeizog. Dass wir im Gang stehen mussten, war nicht dazu angetan, das Gespräch fortzuführen, und so schwiegen wir und starrten in die Dunkelheit.

– Aus solchen Katastrophen geht die Welt hervor.

– Stirbt und lebt wieder auf.

– Das Perpetuum mobile.

– Zerstören, um wiederaufzubauen.

– Aber eine Generation wurde geopfert.

– Oder vielmehr zwei.

– Die, die es erlebt hat.

– Und die, die danach geboren wurde.

– Sie leiden nicht unter demselben Trauma.

– Diejenigen, die es erlebt haben, sind aufs Überleben ausgerichtet und wissen, was sie zu tun haben. Überlebt zu haben, ist ihr Sieg.

– Die anderen sind ahnungslos. Sie kommen hilflos auf die Welt, und auf ihnen lastet ein Ereignis, über das nicht gesprochen wird.

– Oder über das gesprochen wird – dessen Ausmaße aber so ungeheuerlich sind, dass sie sich davon erdrückt fühlen und nicht umhinkönnen, alles an dieser Elle zu messen, und gemessen daran hat nichts Bestand, weder ihr Leben noch alles andere. Was bleibt ihnen anderes übrig, als nach einer Antwort zu suchen, die sie nicht finden können?

– Wer wird sie durchs Leben führen?

– Was kann ihnen als Kompass dienen?

– Alles, aber es wird sie in einem ewigen Labyrinth festhalten.

– Ewig.

Wir waren wieder in unser Abteil zurückgekehrt, die Unterbrechung hatte nicht lange gedauert, aber jetzt waren keine Gespräche mehr möglich, und die Frau aus Oświęcim hatte ihre Geschichte noch nicht zu Ende erzählt. Wir lagen beide auf der jeweils obersten Liege, sahen uns von Zeit zu Zeit an, zögerten, das Gespräch wieder aufzunehmen, und konnten uns nicht dazu entschließen, so sehr entfernte uns das Stampfen des Zuges von den Worten und trug unsere Gedanken davon. Und wie es mir so manches Mal geschah, wusste ich nicht mehr, in welche Richtung der Zug fuhr, und ich dachte an die Krankheit, die meinen Vater und dann auch seine Schwester befallen hatte, bei der anfangs die Orientierungslosigkeit eines der verwirrendsten Symptome war. Auch ich fühlte mich damals orientierungslos, als ich mir voller Ungewissheit die Frage stellen musste, ob mich die Krankheit eines Tages ebenfalls ereilen würde, wenn sie mich nicht schon ereilt hatte. Als ich einmal beim Obst- und Gemüsehändler Schlange stand, kam ich ins Grübeln, denn es gab Nüsse oder Feigen, die 15 Euro das Kilo kosteten, und ich dachte, das mache einen Euro fünfzig für hundert Gramm, doch plötzlich erschien mir dieser Preis völlig unmöglich, die Spanne zwischen 1,5 und 15 war viel zu groß – viel größer als die zwischen 1 und 10 – es musste etwas dazwischen geben, einen Zwischenbereich, der mir entfallen war, der mir aber sicher gleich einfallen würde, bis ich mich mit dem Gedanken abfand, dass da nichts war, was mich allerdings nicht vollständig überzeugte. Verloren in dem, was ich kannte, wurde ich als Zeugin der Metamorphose des Vertrauten in ein bizarres Monstrum von einer diffusen Angst erfasst, jener Angst, die mein Vater verspürt haben musste, als er mich einmal fragte, nachdem ich ihn bis auf den Bahnsteig der Métro begleitet hatte und dachte, ich könne ihn allein nach Hause gehen lassen: Wo wohne ich?

Ja, dachte ich in diesem Zug, der sich einen Weg durch die Nacht bahnte, diese Krankheit war ein langer Abstieg ins Unbekannte, eine Art Eintauchen ins Unterirdische, ein Versinken in den Eingeweiden, die Entdeckung von immer neuen Finsternissen, Schicht für Schicht, ein langer Abstieg, eine langsame Eingewöhnung in die Dunkelheit. Normalerweise suchen wir nach dem Bekannten. Wenn uns etwas fremd ist, versuchen wir es durch etwas zu identifizieren, das wir kennen, dachte ich in diesem Zug, wie die Konquistadoren, die, kaum dass sie den Boden der Neuen Welt betreten hatten, Kirchen bauen ließen, damit inmitten jener feindseligen, weil ungewohnten Umgebung wenigstens ein vertrautes Gebäude ihren Blick beruhigte. Vielleicht liegt darin, dass man sich durch Bekanntes beruhigt, der Ursprung der Metapher, der Ursprung von Vergleichen, von jeder Suche nach Ähnlichkeiten. Und wenn sie – der Bruder und die Schwester – nach meiner Geburt meine Gesichtszüge gemustert hatten, die bezeugten, dass ich zu ihrer Familie gehörte, weil sie sich unbedingt eines Vertreters der nächsten Generation versichern und alles auslöschen mussten, was ihnen unbekannt vorkam, so bewegten sie sich nun in einer Welt, in der nur noch das existierte, wovor sie sich in Sicherheit hatten bringen wollen, das Fremde und das Befremdliche, seither gingen sie durch einen verzauberten Wald, den sie nicht mehr verlassen konnten, in dem jeder Baum eine Gefahr darstellte, jeder Schritt ein Risiko – und der ihr Leben bald verschlingen würde.

– Unsere Welt.
– Und deine.
– Haben nichts miteinander zu tun.
– Es sind nicht dieselben.
– Sind es nie gewesen.
– Wir haben versucht.
– Hier zu leben.
– Aber es war zu schwierig.
– Verlangte zu große Anstrengungen.
– Dann haben wir es aufgegeben.
– Das Handtuch geworfen.
– Ein Leben lang.
– Haben wir gearbeitet.
– Uns angestrengt.
– Jetzt ist es an der Zeit.
– Uns auszuruhen.
– Jetzt sollen andere den Stab übernehmen.

– Wir haben genug davon, Verständnis aufzubringen.

– Für das, was uns umgibt.

– Die Welt ist auf einen Schlag unverständlich geworden, das Licht hat sich verändert, und wir fanden uns in einer endlosen Nacht ohnegleichen wieder, eintönig reihen sich die Stunden aneinander und umzingeln uns, sperren uns ein hinter Gittern, die zu stark sind, um noch an ihnen zu rütteln, um uns ist keine Bewegung mehr, aber der Riss in uns wird tiefer.

– Tiefer und breiter. Nichts mehr kann den Graben auffüllen, den Abgrund, der uns von den anderen trennt.

– Es ist eine unbegreifliche Welt, ein Zusammenbruch, wann ist es hell, wann dunkel?

– Wir wissen es nicht mehr.

– Was bedeuten die vielen Wörter, die sich über uns ergießen?

– Wir kennen sie nicht mehr.

– Die Buchstaben des Alphabets, die wir uns so schwer merken konnten.

– Alles entgleitet uns, entgeht uns, in unseren Händen wird alles zu Wasser.

– Ein Fluss mit tosenden Fluten, der uns bedroht und uns forttragen wird.

– Wir wollten ihn durchqueren, die Furt finden, den Übergang.

– Doch wir sind überflutet worden.

– Das kann sich niemand vorstellen.

– Die Angst.

– Und wenn wir alles vergessen haben.

– Werden wir sterben müssen.

– Dann bleibt nur noch der Tod.

– Das Grauen.

– Du kennst das nicht.

– Du kannst es nicht wissen.

– Du verstehst das nicht.

– Du kannst es nicht verstehen.

– Niemand kann das. Verstehst du, wir sind da, und plötzlich haben wir etwas verloren, es hat keinen Namen, weder Form noch Farbe, und wir suchen danach, wir lüften die Schleier, die Vorhänge, sehen unter die Kleidungsstücke, wir öffnen die Türen aller Schränke und Wandschränke, wir räumen Teller und Gläser zur Seite, aber das Gesuchte entzieht sich uns. War es ein Schraubenzieher, der Personalausweis, eine Zeitung oder ein Gedanke? Jeder Gegenstand führt uns ein Stück weiter in die Irre, jeder Schritt bringt uns von der Lösung ab, und wir bleiben hilflos zurück, allein mit unseren Verlustgefühlen, mit dem schwarzen Nimbus, durch den wir den anderen auffallen und sie ängstigen, bis wir völlig erschöpft aufgeben.

– Darauf haben sie nur gewartet.

– Dass wir aufgeben.

– Diejenigen, die uns beobachten und überwachen, die beim geringsten Fauxpas die Behörden benachrichtigen, die uns bei einer Verfehlung ertappen wollen.

– Seit unserer Ankunft in Frankreich haben sie uns im Auge, warten sie nur auf eine Gelegenheit, uns zurückzuschicken.

– Nach Polen.

– Hindernisse gab es genug, aber wir haben sie überwunden.

– Eines nach dem anderen.

– Krieg, Aufbruch, Flucht, Rückkehr.

– Jedes Mal ein Neuanfang.

– Arbeit suchen, die Miete zahlen, die Versicherung, was alles bezahlt werden musste.

– Aber wir haben es geschafft.

– Und nun zu guter Letzt.

– Die Krankheit.

– Wir schwanken, wir werden hinfallen und vielleicht wieder aufstehen.

– Aber dann wieder hinfallen, es erneut versuchen.

– Und jedes Mal ein wenig tiefer fallen.

– Sie haben schon gewonnen, sie beachten uns nicht einmal mehr.

– Die Würfel sind gefallen.

– Das wissen sie.

– Diese Sprache, die so schwer zu erlernen war.

– So schwer zu begreifen.

– Geht uns verloren, entflieht uns, ohne Spuren zu hinterlassen, als wäre sie nur übergeworfen.

– Künstlich über uns gelegt.

– Eine dünne Schicht, die beim geringsten Atemhauch davonfliegt.

– Es bleibt, was wir immer waren.

– Was wir sind.

– Einwanderer, verloren in der unermesslichen Welt, die nicht zu uns gehört, einer Welt, die wir uns nicht aneignen konnten.

– Wir haben es versucht.

– Wir verfolgten die Fernsehserien.

– Die Fußballspiele.

– Die Nachrichten, die Spielfilme.

– Wir hörten Radio.

– Wir summten die Erfolgsschlager vor uns hin.

– Wir spielten die Dreierwette.

– Wenn ich die Métro nahm, kaufte ich eine Zeitung, setzte mich im Zug auf eine Bank und las wie die anderen.

In diesen Augenblicken war ich wie sie, ich war auf dieselbe Weise gekleidet, auf dieselbe Weise in die Lektüre versunken.

– Beim Einkauf kaufte ich dasselbe Obst, dasselbe Gemüse, dasselbe Fleisch wie die anderen, und in diesen Momenten gab es nichts, was mich von ihnen unterschieden hätte.

– Weder die Möbel noch die Sonntagsruhe.

– Weder das Auto noch der Gang.

– Wir haben alles versucht.

– Noch unsere Lebensweise im Allgemeinen.

– Höchstens der Akzent.

– Manche Wörter konnten wir uns unmöglich merken, andere hatten wir nie gehört, und manche konnten wir einfach nicht richtig aussprechen.

– Und die Grammatik, die stillschweigenden Regeln, die man nicht kennen kann, wenn man die Sprache nur am Arbeitsplatz lernt. Die Angleichung des Partizips der Vergangenheit bei der Konjugation mit dem Hilfsverb.

– Die Zeitenfolge.

– Selbst die Wörter, die euch einfach erscheinen, die Beugung, Singular oder Plural, die Angleichung je nach Anzahl und Geschlecht.

– Der Wurm steckte schon in der Frucht.

– Die Sprache hat uns von Anfang an hängenlassen.

– Uns verraten.

– Wir haben es versucht.

– Aber es war zu schwer.

– Und wir sind besiegt.

– Von der Müdigkeit und den Anstrengungen.

– Von der Zeit.

– Erledigt.

Diese Reglosigkeit, und der starre Blick vielleicht, diese würdevolle Haltung flößen Respekt ein. Im Laufe der Zeit, der Erzählungen, ist aus der Eule ein Synonym oder vielmehr ein Symbol für Weisheit gemacht worden, während man beim Kauz eher an eine verschlossene Person denkt. Auf der Schulter der Göttin Athene sitzend, steht die Eule für Intelligenz. Ja, ihr starrer und zugleich tiefgründiger Blick deutet zweifellos auf ein Denken hin. Bei der Schneeeule wird diese Tiefgründigkeit zusätzlich verstärkt durch den Gegensatz zwischen den goldbraunen Augen und dem weißen Gefieder. Und durch ihre Ungeselligkeit, dass sie nie in Formationen mit anderen über den Himmel zieht. Die Schneeeule ist ein Einzelgänger, sie kreist über menschenleeren und eisigen Steppen, durchstreift unermüdlich dieselben Reviere, manchmal jedoch flieht sie, wenn sie wegen einer Laune des Klimas – einer zu lang anhaltenden Dürre – nichts mehr zu fressen findet. Dann kann die Schneeeule mehrere hundert oder tausend Kilometer weit fliegen und in Breitengrade abwandern, die weit von ihrer Heimat entfernt liegen. Sie entdeckt die Erdfarben unter dem Schnee, der nicht mehr ewig liegt, sie sieht zarte Braun- und Grüntöne, ist vielleicht ein wenig ratlos über die Düsternis, wenn das Weiß nicht mehr allgegenwärtig, nicht mehr überall ist, und fragt sich, warum die Erde sich in Dunkelheit hüllt, warum es plötzlich nicht mehr Tag wird, passt sich dem Nachtleben ihrer Artgenossen an. Wenn sie nicht mehr in ihrem weißen Reich lebt, dann muss es die Dunkelheit sein – die Dunkelheit hat etwas Beruhigendes, eine Einheitlichkeit, die der ihres weißen Reichs ähnlich ist. Denn zum Leben braucht die Schneeeule diese ausgedehnten Landschaften, die Wiederholung desselben Anblicks, sie braucht die unermessliche Weite. Ihr Horizont erträgt keine Grenzen, keine Buchten und zerklüfteten Küsten, kein in Felder aufgeteiltes Land, nein, es bedarf des Endlosen, des Ununterbrochenen, der Weite, damit die Schneeeule ihr ganzes Können zeigt. Von ihrem Sitz auf den Felsen der Kaps aus betrachtet sie die unter den dicken Schneemassen verschwundene, unsichtbare Grenze zwischen Land und Meer, denn sie bewohnt eine Welt aus der Zeit vor der Schöp-

fungsgeschichte, eine Zeit, in der die Wasser von unten sich nicht von den Wassern von oben unterschieden, noch Kontinente von Ozeanen, sie lebt in einer Welt, die vor dem Chaos war, einer Welt, die niemand kennt, in der Zeit und Raum nicht dasselbe Maß haben, in die der Mensch sich nicht hineinwagen würde, in der seine armseligen Kompasse nichts nützen würden, nicht mehr als der Kompass seines gewöhnlichen Denkens.

Ich lag auf der schmalen Liege im Schlafwagen, umgeben von unbekannten, fremden Stimmen, die aus anderen Zeiten und anderen Ländern kamen, und hatte keine Ahnung, wie viel Uhr es war, als hielte mich die Zeit in ihren Fängen, immaterielle Verkörperungen, die mich zu ihrem Opfer oder ihrem Sprecher auserwählt hätten, die mich auch gern zu ihrem Zeugen gemacht hätten – aber kann man ein Zeuge der Zeit sein? Ich hörte die Stimme meiner Gedanken oder die Stimmen, die in meine Gedanken eindrangen, wobei sie mir das Gefühl gaben, sie kämen von innen.

– Für dieses Jahrhundert.

– Das wir gerade hinter uns gebracht haben.

– Das zwanzigste.

– Ist es Zeit, Bilanz zu ziehen.

– Ein Jahrhundert der Katastrophen.

– Mehr oder weniger als die früheren?

– Von Katastrophen, die Namen tragen.

– Hiroshima. Auschwitz.

– Alles hat sich um die Mitte konzentriert, in ihrem Zentrum.

– Dem Epizentrum.

– Zum selben Zeitpunkt.

– Und zuvor war nichts?

– Es gab Verdun, den Ersten Weltkrieg, ein Gemetzel, all die Millionen Toten, aber der Zweite.

– Übertraf alles an Zahlen, an Schrecken, mit ihm kam das Schlimmste, er hat die Mitleidsreserven der Menschheit auf Generationen hinaus erschöpft, so dass danach ...

– Danach?

– Die Geschichte anscheinend in Kleinbuchstaben geschrieben wurde, weil die Großbuchstaben von Auschwitz und die von Hiroshima so sehr auf uns lasteten, uns den Horizont versperrten.

– Ein anderer Angriff, ein anderer Sturm.

– So dass danach die Kriege, die geteilten Länder, die durch die Mitte der Familien gestoßenen Breitengrade oder die Mauern, die verlassenen Zonen des Niemandslands, die den Aufschwung der Städte bremsen, so dass danach die neu geschaffenen, neu gegliederten, geteilten oder verlagerten Länder, die Namens- und Regimewechsel, die Völkerwanderungen, die Fluchten, die Flüchtlingszelte neben den unerbittlichen – den unüberwindlichen – Grenzen, so dass all dies als Kleinigkeit erschien, zum Alltag eines Lebens ohne Privilegien gehörte, von den anderen nicht bemerkt wurde, man hatte schließlich schon Schlimmeres erlebt.

– Es gibt immer Schlimmeres.

– Etwas unbestreitbar Schlimmeres.

– Das zwanzigste Jahrhundert.

– Die Länder der einen, verleugnet von den Ländern der anderen.

– Die Regierungssysteme der einen, verleugnet von den Systemen der anderen.

– Die Experimente.

– Waren es Experimente?

– Die Versuche, oder wie wollt ihr es nennen?

– Totalitarismus, Diktatur, an Worten fehlt es nicht.

– Wir sind Gefangene der Zeiten.

– Der Zeit.

– Der Zeit, in der wir leben, vor der uns nichts retten kann.

– Außer Drogen oder Alkohol.

– Versuche, die zum Scheitern verurteilt sind.

– Wenn das Delirium, die Bewusstlosigkeit wenigstens, von Dauer wären …

– Aber letztlich fällt man immer zurück.

– Und der Rückfall ist schlimmer, denn man muss immer wieder von vorne anfangen, jedes Mal ein Stück weiter unten, denn es geht unmerklich bergab.

– Man lässt sich auf Abkürzungen ein und verliert den Faden, man hat Mühe, wieder den richtigen Weg zu finden.

– Nichts hilft uns, Höhe zu gewinnen, wir verbringen das Leben damit, den Blick starr auf den Boden gerichtet, als Gefangene unserer Verpflichtungen, der tatsächlichen oder derjenigen, die wir uns selbst auferlegen, der Bande, die uns einschnüren, der Türen, die zuschlagen, dabei würde es genügen, den Blick nach oben zu richten, zum Himmel zu sehen, nicht, um dort einen Gott zu finden, sondern um unsere Existenz zu ermessen, um zu sehen, dass wir etwas anderes sind als das, was wir zu sein scheinen, gewiss, durch die Gesetze der Schwerkraft an unseren Raum und unsere Zeit gebunden, aber auch mit den vorausgegangenen und nachfolgenden Epochen, mit einer Ganzheit verbunden.

– Der Conditio humana?

– Sie mögen lachen, aber statt immer die Katastrophen und Epidemien aufzuzählen, statt die Namen zu wiederholen, die als Schreckgespenster für die nachfolgende Epoche dienen, da sie zu ihrer Zeit nicht genügend Schrecken verbreitet haben, und da es jetzt, wo sie tot sind, leichter ist, sich vor ihnen in acht zu nehmen, als zu der Zeit, in der sie noch lebendig waren, und da es leichter ist, im Nachhinein Widerstand zu leisten als zum richtigen Zeitpunkt in der Vergangenheit, vermeidet man es, der Gegenwart die Stirn zu bieten, denn es gibt auch heute noch manches, dem man sich widersetzen müsste, auch wenn es weniger spektakulär ist …

– Sie verlieren den Faden.

– Vielleicht. Ich spreche vom Leben.

– Ein weites Feld.

– Deshalb gibt es ja weder Verirrung noch Abschweifung, der Weg führt über alle Etappen. Die Namen sind Figuren mit hypnotischer Wirkung, die uns in einem Zustand der Starre halten, uns am Vorwärtskommen hindern – man muss sie vergessen, darf sie nicht mehr aussprechen.

– Trotzdem unterscheiden sich einige Namen, ragen reliefartig heraus.

– Sie nicht mehr aussprechen, weil man sie zu oft gehört hat, um das Gleichgewicht wiederherzustellen, ebenso jene Daten, derer wir zu viel gedenken, da wir zugleich in der Vergangenheit und in der Gegenwart leben – die Zahlen verschleiern die Wirklichkeit, warum sich jedes Mal erinnern, wenn die Tage sich jähren, gibt es keine anderen Möglichkeiten, keine anderen Zeiten dazu als diese Jahrestage?

– Ein Bombenabwurf, Hiroshima, am 6. August 1945 …

– Keine Gedenkfeier, sosehr man sich auch anstrengen mag, wird je an das Ereignis heranreichen, und wozu soll es gut sein, es nachzuspielen, noch einmal aufzuführen, seiner feierlich zu gedenken, ist der Tod eines Menschen etwa an ein Datum gebunden?

– Einfach vergessen?

– Ist auch keine Lösung. Wir sind in die Enge getrieben, haben keinen anderen Ausweg als das Umherirren, wie jene Figuren in Science-Fiction-Filmen, die verdammt sind, fern von der Erde ewig durch den Weltraum zu fliegen – frei von jeder trügerischen Freiheit.

Die Morgendämmerung schien heraufzuziehen, der Tag anzubrechen, vielleicht hatte mich der Schlaf übermannt, denn die vergangenen Stunden waren mir nicht so lang vorgekommen, einige waren im Dämmerzustand miteinander verschmolzen, die Stimmen gehörten vielleicht zu einem Traum, aber ich konnte nicht viel erkennen, fest stand nur, dass der Tag anbrach.

Auf dem Gang war es leer, der Zug schien verlassen, als wären alle Reisenden mitten in der Nacht ausgestiegen, um einen Zwischenstop einzulegen, oder verschwunden, weil sie an ihrem Ziel angekommen waren. Ich sah durch die Fensterscheibe, in der die Spiegelungen des Abteils in dem Maße verblassten, in dem es draußen heller wurde, und betrachtete die Landschaft, als ob sie mir etwas verraten könnte, denn zweifellos waren sie, meine Angehörigen, auf dieser Strecke gefahren, aber die Scheiben waren schmutzig, ich war in der Fremde und ich kam mir selbst fremd vor.

– Wer sind wir?

– Zwischen Erbgut und Vorbildern.

– Von Geburt an ähnelt man jemandem, und alle wollen gleich herausfinden, wem, und es einem unbedingt sagen, als müsste man um jeden Preis jemanden ersetzen.

– Fortsetzen.

– Das Unbekannte in Bekanntes verwandeln.

– Wie die Kirchen in der Neuen Welt.

– Bändigen.

– Zähmen.

– Von Geburt an, und immer weiter, die ganzen Ausdrucksweisen, dieses verächtliche Weißwaschen verstehe ich nicht, du bist wie deine Mutter, wie dein Vater, oder umgekehrt, in unserer Familie hat das nie jemand gemacht.

– Man sucht nach Spuren.

– Man verwischt sie.

– Man widersetzt sich.

– Man identifiziert sich.

– Und die Namen verfolgen uns, angefangen bei dem, den man uns gibt, der alles andere als unschuldig ist und auf jemanden verweist.

– Auf jemand anderen.

– Oder er bezeichnet nichts, eine leere Schale, die es zu füllen gilt, indem man versucht, den Erwartungen, Hoffnungen und Träumen zu entsprechen, die sich bisweilen widersprechen.

– Denn es kommt zu Auseinandersetzungen.

– Inneren Auseinandersetzungen.

– Der Vater und die Mutter und hinter ihnen die Ahnenreihe, die Vorfahren mit ihrem Ruhm, ihrer Schande oder mit nichts, jeder wartet, lauert doch nur auf den Augenblick, in dem das Kind sich durch eine Geste, eine Haltung, durch die es zugeordnet, eingegliedert wird, als Nachkomme zu erkennen gibt.

– Ein Bannkreis.

– Das Andere zieht, will nicht, dass man ihm entkommt, und das Kind wird hin- und hergerissen, gevierteilt wie im Mittelalter, es möchte fliehen, kann aber nicht, unterwirft sich schließlich, wählt seine Seite und amputiert sich einen Teil seiner selbst.

– Wie soll aus zwei Personen eine werden?

– Die Zuflüsse und der Fluss.

– Zuflüsse, die sich ineinanderstürzen, gegeneinanderkrachen, Wildwasser hervorrufen, Stromschnellen – Gischtsplitter ...

– Und wie sollen wir da wir selbst sein und den Funken bewahren, beschützen, der der reinen Reproduktion entgeht, den Vorbildern, den Identifikationen, wie unser Innerstes schützen, es unzugänglich, undurchdringlich machen für die Einflüsse von außen?

– Widerstehen.

– Entgehen.

– Aber nicht fliehen.

– Die Quadratur des Kreises.

– Eine unmögliche Gleichung.

Ich stand vor dem Rätsel der Landschaft, die sich trotz des zurückgekehrten Tageslichts und der mäßigen Geschwindigkeit des Zugs jeder Deutung entzog, die Wälder waren nichtssagend, die Dörfer, beinahe feindselig, wollten nicht preisgeben, was ich von ihnen erwartete.

– Erzählt mir.

– Wir haben nichts zu sagen.

– Erzählt eure Geschichte, vermittelt mir eine Vorstellung, gebt mir ein Zeichen, an das ich mich klammern kann.

– Dort gibt es nichts zu finden.

– Nichts, was zu dir gehört oder dir ähnlich ist.

– Ihr seid nur Gespenster.

– Ihr irrt durch ein Leben, das nicht eures ist, auf der Suche nach einem anderen – das nicht existiert.

Die Frau aus dem Abteil war auf den Gang hinausgekommen, stand nun neben mir und sah ebenfalls hinaus, aber ihr waren die Namen der Bahnhöfe nicht unbekannt, für sie verwiesen sie auf Wörter ihrer Sprache, auf identifizierbare Dinge, jeder Bahnsteig, jeder Landstrich brachte sie der Stadt näher, aus der sie hatte fliehen wollen, in die sie aber zurückgekehrt war.

»Ich bin nie nach Japan gereist«, nahm sie das Gespräch auf, als hätte es nie aufgehört – als wäre diese Nacht nur eine Täuschung gewesen, ein Tunnel, aus dem wir soeben herausfuhren –, »es war zu teuer, zu weit, und überhaupt, in welcher Sprache hätte ich mich mit den Einwohnern von Hiroshima unterhalten sollen? Ich habe eine Städtepartnerschaft zwischen den beiden Städten vorgeschlagen, aber niemand wollte darauf eingehen, sie sagten, das könne man nicht vergleichen, oder, man könne der Stadt nicht einen so schrecklichen Stempel aufdrücken, man müsse ihr eine Chance lassen, jenseits der Katastrophe zu existieren. Wenn das Jahrhundert vorbei ist, sagten sie, werden die Tragödien und die Erinnerung an sie allmählich verschwinden oder vielmehr in die Geschichte eingehen, werden sich die herausragenden Ereignisse abflachen wie uralte Berggipfel, die Erosion der Erinnerung ist eine langsame, aber kontinuierliche Arbeit, die ihre Zeit braucht, und die Erinnerung an die Namen wäre wie ein Staudamm, um die Zeit aufzuhalten.

Ich beharrte nicht darauf, vielleicht hatten sie recht, im Grunde genommen wusste ich nicht mehr darüber als sie. Also habe ich woanders gesucht, wieder in Büchern, in den Berichten von Augenzeugen. So viel sie auch vom Leid jener Tage erzählten, so wenig sagten sie darüber, was es bedeutete, heute in einer umgestalteten, in einer zerstörten und wiederaufgebauten Stadt zu leben, viele von ihnen zogen es vor, zu vergessen. In der Vergangenheit haben wir gelitten, sagten sie, ohne sich zu fragen, woher dieses Leiden kam, ohne an den schändlichen Militarismus zu denken, an die Grausamkeit dem Feind gegenüber. Ihr Leid ist eine Insel, deren Ufer man nicht betreten darf und die sie lieber verlassen, links liegen lassen, ohne sie zu erforschen. Und so ist es oft, ob es sich um individuelles oder kollektives Leid handelt, das habe ich im Leben gelernt. Manchmal hatte ich den Eindruck, eine der Stimmen sei wie meine, sie sagte dasselbe, aber es waren flüchtige Worte. Niemand, das habe ich dabei gelernt, kann sich in unsere Lage versetzen, weder im Denken noch in der Erfahrung. Der Unterschied zwischen einem Ereignis und einem anderen, zwischen einem Menschen und einem anderen ist unermesslich.«

Das war also die Last, dachte ich, die sie zu tragen hat, diese leidgeprüfte Einsamkeit, die sie beseitigen wollte, der sie entkommen wollte, die aber auf sie zurückfiel, vollständig und undurchdringlich, die sich ganz über sie legte. Gleichwohl sprach sie mit mir darüber, versuchte davon zu erzählen, aber wenn sie zu Ende erzählt hätte – und vielleicht war sie soeben ans Ende gelangt –, würde sie zu ihrer Geschichte zurückgehen und ich zu meiner, ohne dass sich etwas ändern würde.

Gleichwohl gab es diese Legenden, die bestätigten, dass die umherirrenden Geister, die verdammten Seelen nach einem Zuhörer suchten, dem sie ihre Geschichte erzählen konnten, um erleichtert zurückzukehren.

Sie sah mich nicht an – wir standen nebeneinander auf dem Gang, den mittlerweile Leute auf dem Weg zur Toilette entlanggingen, um sich zu waschen, allmählich begann das Leben wieder, die Zeit setzte sich wieder in Bewegung –, und ich wusste nicht, ob sie eine Antwort, einen Kommentar von mir erwartete. Seit Beginn der Nacht – oder dem Überqueren der Grenze – befand ich mich in einer Welt, deren Regeln ich nicht kannte.

»Der Zug wird gleich in Warschau ankommen«, sagte sie schließlich, »dort muss ich umsteigen.«

»Ich auch«, erwiderte ich und hoffte, dass es nicht dieselbe Strecke sein würde, denn es gab nichts mehr hinzuzufügen, und wenn wir mit demselben Zug fahren würden, würden wir uns verpflichtet fühlen, miteinander zu sprechen, wir müssten ein künstliches Gesprächsthema finden oder zu einer Vertraulichkeit übergehen, die keine von uns beiden wollte.

Es war nicht dieselbe Strecke, ihr reichte die Zeit gerade so, um den Bahnstieg zu wechseln, während ich ein wenig warten musste. »Vielen Dank fürs Zuhören«, sagte sie und nahm ihre Reisetasche.

– Wir sind da.

– Ein Teil von uns ist hiergeblieben, um zu warten, ist auf diesem Bahnhof zurückgeblieben, auf dem der Zug für einen Tag stoppte, und nach diesem Halt ist etwas von uns nicht mehr weitergefahren.

– Was wäre aus uns geworden, wenn wir damals geblieben wären?

– Die Fortsetzung der Kindheit, eine Mischung aus Licht und Dunkelheit, eine pausenlose Arbeit.

– Wie in Frankreich.

– Und dann der Krieg.

– Wie in Frankreich.

– Ob wir überlebt hätten? Alle, die geblieben sind, kamen um.

– Die Cousins, die fernen Verwandten.

– Soweit uns bekannt ist.

– Und dich hätte es nie gegeben.

Ich hatte den Eindruck, schon immer mit dieser Ungewissheit gelebt zu haben, oder vielmehr mit dieser Möglichkeit, die nicht ausgedrückt worden war, einer Drohung, als ob etwas auf der Kippe stünde. Und je tiefer ich in dieses Land fuhr, das ich bis jetzt nur durch das Zugfenster sah, desto deutlicher wurde die Drohung, denn desto mehr zeichneten sich die Umrisse eines anderen Lebens ab, das meines ausschloss.

Ich fürchtete mich davor, auszusteigen, als ob von nun an jeder Gegenstand etwas anderes in mir auslöschen würde.

– Verstehst du nun, warum wir vergessen haben?

– Warum wir nie mehr von unserem Leben hier erzählt haben?

– Dein Leben verläuft in einer Linie, geht seinen kontinuierlichen Gang ohne Brüche oder Chaos, du hast nichts verlassen, du hast nichts aufgeben müssen.

Was wisst ihr schon davon, hätte ich entgegnen können, aber ich schwieg, während der Zug in einen Tunnel fuhr und fast schon zum Stehen kam, was wisst ihr schon davon? Ich bin weit weggegangen, um euch zu verlassen, um euch aufzugeben, aber ich brachte es nicht fertig.

– Während unser Leben nur eine Abfolge von Aufbrüchen war, die uns, wie wir jetzt sehen, auf den großen Aufbruch vorbereiten sollten.

– Waren die anderen eher ein Losreißen.

– Aber dieser hier ist unbenennbar.

– Wenn wir bei Nebel auf die andere Seite der Grenze gelangen könnten.

– Und bei Nacht.

– Wenn wir schlafen könnten.

– Nichts bemerken müssten.

– Nichts wissen.

– Das ist Sinn des Vergessens, dazu dient es.

– Wir weigern uns.

– Wir haben uns geweigert.

– Haben uns mit aller Kraft gegen die Vergangenheit gestemmt, rückwärtsziehend, um bloß nicht, um auf keinen Fall voranzukommen.

– Denn Vorankommen heißt die Zeit anerkennen.

– Und die Zeit anerkennen heißt den Tod hinnehmen.

– Wir haben es versucht, unser Leben ist auf die Weigerung ausgerichtet, eine Weigerung, die sich verfestigt hat und weit mehr zu einer Seinsweise denn zu einer Gewohnheit geworden ist.

– Zu einer Philosophie.

– Du magst lachen.

– Das ist das Wort.

– Es ist nicht leicht, sich zu weigern.

– Wenn einen alles zum Einverständnis drängt.

– Sieh in einen Spiegel und sage einmal Ja und einmal Nein, dann wirst du merken, was einfacher ist, Ja lässt sich in einem Atemzug hauchen, Nein muss artikuliert, geformt werden.

– Man lernt, Ja, danke, zu sagen, zu gehorchen.

– Aber nicht, Nein zu sagen. Das gilt als unhöflich, nutzlos, störend.

– Besonders das Nein zum Leben.

– Das tut man nicht.

– Wir haben es trotzdem getan.

– Und wir machen so weiter – mit der Krankheit, dem Vergessen, dem Absturz.

– Die Abhängigkeit wird immer größer.

Die Selbstständigkeit immer geringer.

Ich ging in den unterirdischen Teil des Bahnhofs hinunter, und sie begleiteten mich, so dass ich im Moment nichts vergaß, mich zum Gedenken verdammt fühlte, zu ewiger Erinnerung, als wäre die Vergangenheit in all ihren Formen, in der einfachen Vergangenheit, der vollendeten Gegenwart, der vollendeten Vergangenheit, die einzige Zeit, die ich gebrauchen könnte, als wüsste ich hingegen nicht, was Gegenwart, was Zukunft ist. Und ihr Vergessen und meine Erinnerung trafen sich in einer Wüste der Unendlichkeit, einer Landschaft ohne Höhen oder Vertiefungen, dunkel wie dieser unterirdische Bahnhof.

Die Rolltreppen liefen, nach oben, nach unten, die Reisenden sahen aus wie konturlose Schattengestalten, aber Gestalten, die Gepäck trugen, die zu einem Zielort unterwegs waren. Der Bahnhof darüber bestand aus einer riesigen Halle, in der die Schritte hallten und die Bahnsteige sich erstreckten, so weit das Auge reichte, wie sollte ich meinen Bahnsteig finden, die richtige Abfahrtszeit, das richtige Gleis, eine Ankündigung folgte der nächsten, und ich verstand nichts, es gab keinen vertrauten Klang, nach dem ich mich richten konnte.

– Weißt du nicht?

– Erinnerst du dich nicht?

– Nicht umdrehen.

– Nicht zurückschauen.

– Die Leute haben vor dir gelebt.

– Sie haben etwas gelernt.

– Aber jeder muss seinen eigenen Weg gehen.

– Seine eigenen Erfahrungen machen.

– Um wirklich etwas zu lernen.

Ich hatte allerdings nach jemandem gesucht, der mich führen konnte, denn ich hatte schnell begriffen, dass es nicht jene Triade sein würde, sein könnte, Mutter, Bruder und Schwester, die sich in ihr Inneres zurückgezogen, vom Leben abgewandt hatten, die an jedem Scheideweg zögerten, fortwährend kehrtmachten. Trotzdem hatte ich eine Vorliebe für Exilanten aller Himmelsrichtungen, aller Kontinente, es war, als wäre Paris, als wäre Frankreich nur von Ausländern bevölkert, die hier auf einen Regimewechsel warteten, einen Neuanfang in ihrem Leben versuchten, die hier Fuß fassen wollten, als wären nur Durchreisende auf den Straßen, die ihr Gepäck trugen – die wie ich auf diesem Bahnhof nicht wussten, wohin sie gehen sollten. Mit den Leuten hingegen, die hier seit Generationen lebten, fest verwurzelt waren, mit ihnen fühlte ich mich wie im Gefängnis.

– Trotzdem bist du hier geboren.

– Bist mit dieser Sprache aufgewachsen.

– Hast hier studiert.

Ich weiß, antwortete ich, während ich auf der Suche nach Fahrplänen mit den Ankunfts- und Abfahrtszeiten der Züge durch die riesige Bahnhofshalle ging, ich hätte allen Grund, mich zu Hause zu fühlen, und dennoch fühlte ich mich fremd, als wäre in Frankreich ein Teil von mir nicht da, vielleicht nicht abwesend, aber eben woanders – an einem unbestimmbaren Ort.

– Welche Fremdheit? Wir haben alles getan, damit du so wirst wie die anderen.

– Wir haben dir nie etwas erzählt.

– Nie haben wir vor dir auch nur ein Wort in jener Sprache gesprochen.

– Aber es war alles in euch.

– Wir haben geschwiegen.

– Euer Schweigen wog ebenso schwer wie Worte und vielleicht noch schwerer, denn man konnte sich alles vorstellen.

– Du hast immer alles zu kompliziert gesehen.

– Hast immer unter dem äußeren Schein nach etwas gesucht.

– Hast immer gefragt, warum, man musste alles erklären.

– Aber wir wussten nichts.

– Es gab nichts zu erklären, es ist, wie es ist.

– Du hast zu viel gelesen.

– Immer ein Buch in der Hand.

– Was findest du in Büchern?

– Was ist daran so interessant?

– Wir haben nie gelesen.

– Wir hatten keine Zeit.

– Nie eine Zerstreuung.

– Wir mussten arbeiten.

– Hart arbeiten.

– Keine Reportagen aus allen Ecken und Enden der Welt.

– Eine mühsame, langweilige Arbeit.

– Mit Stoffen.

– Stundenlang an der Nähmaschine sitzen, die Stücke in die eine Richtung drehen, dann in die andere.

– Zusammenheften, anpassen, weiter machen, enger machen.

– Die Kreide, der Faden, die Nadeln, das Bügeleisen, das Pedal der im Tisch versenkbaren Nähmaschine, die Schere, das Maßband, ein buntes Band, das sich aufrollen und abrollen ließ, und der große Zollstock aus Holz, um die Maße mit der Kreide auf den Stoff zu übertragen, das waren unsere Horizonte.

– Unsere Arbeitsgeräte.

– Glaubst du, wir mochten das?

– Die Pakete, die wir auf den Schultern zu den Kunden schleppen mussten.

– Den Stoffgeruch.

– Und den Gasgeruch des großen Radiators, das Bügeleisen.

– Glaubst du, wir mochten es?

– Wir haben es trotzdem gemacht.

– Wir hatten keine andere Wahl.

– Deine Fragen sind ein Luxus.

– Wenn es nur ums Leben geht.

– Oder ums Überleben.

– Denkt man nicht an so etwas.

– Man lebt von einem Tag zum anderen.

Ich saß auf einer Bank, endlich hatte ich einen Fahrplan gefunden, den Namen Kielce auf einer Anzeigentafel, und dabei schlug mein Herz, weil es der Beweis war, dass diese Stadt existierte, dass hinter diesem Namen eine Wirklichkeit steckte, und schließlich sah ich auch den Bahnsteig, der dem

Bahnhofsgebäude gegenüberlag, und nun wartete ich wie am Vorabend – gerade mal eine Nacht war vergangen –, ich saß da auf der Bank, ich hatte noch ein wenig Zeit, aber die absurde Angst, den Zug zu verpassen, hinderte mich daran, den Bahnhof zu verlassen und einen Blick in die umgebenden Straßen zu werfen – vielleicht wollte ich auch einfach Kielce als erste Stadt sehen. Ist das ein Leben, fragte ich mich, während ich die Fluchtlinien der Schienenwege betrachtete, Tag für Tag seine Arbeit erledigen, immer den Feierabend vor Augen, von einem Termin zum anderen hetzen, Geld verdienen, ausgeben, bezahlen, kaufen, konsumieren, das Alte durch das Neue ersetzen, gibt es nichts anderes, etwas, das einen den Kopf heben lässt, das einem den Blick weitet, eine Perspektive gibt? Sind Gegenwart, Unmittelbarkeit, Augenblicke die einzige Zeit?

– Du glaubst, du wüsstest es.

– Aber du weißt es nicht.

– Jeder lebt für sich.

– Besser wäre ein allgemeingültiges Modell.

– Das für alle gelten und unserem Bild entsprechen würde.

– Wir wollten, dass du weiterkommst.

– Dass du nicht erleben musst, was wir erlebt haben.

– Das Exil, die Trennung.

– Den Stoff. In unseren Lungen stecken Fasern, Gewebepartikel und die Enden von Fäden.

– In unserem Geist ein Nebel aus Kreide.

– Und der Maschinenlärm.

– Die ewigen Wiederholungen, der Saum, das Futter.

Gongs und Durchsagen wechselten sich ab, und ich schaute zur Anzeigetafel über dem Bahnsteig, um sicherzugehen, dass der abfahrende Zug nicht meiner war.

Ich sah die dunkle Treppe vor mir und die Werkstatt, die ihnen als Bleibe gedient hatte bis zu dem Augenblick, als sie aufhörten, als das Geschäft immer weiter zurückging und sie bei anderen Zuflucht fanden, die ihr Geschäft ein wenig besser zu führen und in die moderne Zeit hinüberzuretten verstanden, während sie eine unabhängige Wohnung suchten, die, in der sie jetzt noch lebten, in der ich nie gelebt hatte. Ich kannte nur die Werkstatt, ihre Dunkelheit und ihren Obskurantismus – das Studium war für mich ein Versprechen auf Licht.

– Das Aufsteigen aus der Hölle.

– Die Zeit, die zum Tageslicht führt.

– Der Aufstieg.

– Auf der gesellschaftlichen Stufenleiter, das Gymnasium, ein Hindernislauf, die Jahre an der Universität, die Bewusstwerdung, die Begegnungen – das Wissen.

– Jede Etappe ist eine neue Chance, der heilige Funke, der zur Verwandlung führen kann.

– Zur Verklärung.

– Zur Umwandlung eines Lebens in ein anderes.

Ich lebte nicht mehr in der Werkstatt, und der Gasgeruch im Winter verfolgte mich nicht mehr, klebte nicht mehr an meiner Kleidung, an meiner Haut, ich war herausgekommen und hatte Zutritt zu einer anderen Welt gefunden, aber die befremdliche Atmosphäre der ersten Jahre blieb, etwas hatte sich nicht gelöst, etwas Grundlegendes, animalischer als die Erinnerung, wie ein unauslöschlicher Abdruck. Die Diskrepanz zwischen dem, was ich intellektuell wusste, und dem, was ich fühlte, war manchmal unerträglich.

– Ob glücklich oder unglücklich.

– Wir leiden an der Kindheit.

– Uns verfolgt derselbe Schmerz.

– Selbst das, worüber wir hinweggekommen sind, was wir überwunden und verarbeitet haben, lebt in uns weiter und zieht seine Spur, kommt früher oder später in der einen oder anderen Form zu uns zurück.

– Der Weg setzt sich fort, der Weg, den wir nehmen müssen, bleibt wie dieser Befund, letztlich leiden wir immer an derselben Sache, nur die Intensität macht den Unterschied aus.

– Wie in der Medizin: Man kann den Schmerz nur lindern.

– Nicht behandeln.

– Und erst recht nicht heilen.

– Nur die Intensität mildern.

– Was schon nicht so schlecht ist.

Aber in bestimmten Augenblicken nahm die Intensität zu, wie auf der Bank auf dem Bahnsteig, wo ich als Fremde wartete, mich aber nicht viel fremder fühlte als in meinem Land, als hätte ich Verrat begangen, ein Verbot überschritten – ich hatte die Werkstatt verlassen –, wofür ich jetzt bezahlen musste.

– Nicht mit Geld.

– Es ist nicht schwer, Münzen und Scheine loszuwerden; wenn sie in andere Hände übergehen, weiß man schon nicht mehr, dass man sie besessen hatte.

– Vergessen.

– Genau.

– Die materiellen Dinge lassen sich leicht vergessen.

– Und hinterlassen keine Spuren.

– Wir haben nie viel besessen.

– Weder an Möbeln noch an Gegenständen.

– Notlösungen, die nicht gewollt waren.

– Nicht einmal die Koffer, mit denen wir ankamen.

– Zu Beginn des Krieges hatten wir sie noch, wir dachten wirklich, dass sie nur zur Flucht dienten.

– Wir sind nie in den Urlaub gefahren.

– Weder vor noch nach dem Krieg.

– Wir klebten an der Nähmaschine wie der Bauer an seinem Vieh, wie Arbeitssklaven – denn die Arbeit gefiel uns nicht.

– Was wir gerne getan hätten?

– Zweifellos nicht dasselbe.

– Aber wir waren es gewohnt, im Plural zu denken, uns nicht zu trennen, zu unterscheiden.

– Menschen, die sich bedroht fühlen, schließen sich zusammen, sammeln sich, bilden eine einzige und unteilbare Einheit.

– Was wir gerne getan hätten?

– Der eine?

– Und die andere?

– Bauarbeiter.

– Oder ein Ladengeschäft führen.

– Wir hätten nicht zusammen gearbeitet.

– Völlig unvorstellbar.

– Getrennte Wege zu gehen.

– Und die Koffer sind irgendwo verlorengegangen, vielleicht in jenem Dorf in der Mitte Frankreichs, in das wir geflohen waren.

– Immer auf der Hut.

– Immer bereit, wegzugehen.

– Und dennoch sind wir geblieben. Nach dem Krieg gab es kein Zurück mehr.

– Doch die Zeit vergeht.

– Trotz all unserer Bemühungen.

– Die Zeit vergeht und entrückt, lässt uns am Ufer des Flusses zurück.

– Sprechen wir nicht vom Fluss.

– Wo wir beinahe ...

– Wo wir gestürzt sind.

– Wir sehen nur noch verschwommen, deine Lippen sind verschlossen, die Arme ausgestreckt, wir suchen dich und finden dich nicht, auch dich haben wir vergessen.

– Dennoch haben wir in deinem Schatten gelebt, und in gewisser Weise hat uns deine Abwesenheit mehr belastet als deine Gegenwart.

– Wir sprachen nie von dir.

– Dachten aber immer daran.

– Wer weiß, was aus dir geworden wäre?

– Und aus uns, wenn du geblieben wärst?

– Du hättest uns mitgenommen.

– Du warst der Antrieb, der uns gefehlt hat. Du hättest uns den Weg gezeigt.

– Du warst der Größte, der Stärkste.

– Der Älteste.

– Du hättest vielleicht studiert.

– Aus dir wäre etwas geworden.

– Ein Jemand.

Und ich wartete auf den Zug, der mich vielleicht ins Zentrum, zum Kern des Geheimnisses bringen würde, das ich zu durchdringen versuchte, dorthin, wo ich das Rätsel lösen könnte, um – endlich – zu etwas anderem überzugehen – für den Fall, dass das Leben nicht nur die Suche nach einer Antwort auf eine einzige Frage ist.

III

Wie alle Vögel – und alle Lebewesen – sucht die Schneeeule nach Nahrung, lauert auf Beute, doch ihr unsteter Flug drückt Rastlosigkeit aus, eine Suche – denn die Schneeeule wandert. Sie kommt und geht, fliegt davon und lässt sich nieder und bricht wieder zu neuen Horizonten auf. Haben ihre Wanderungen immer dasselbe Ziel und kehrt sie immer an denselben Ort zurück, bewahrt sie die Orte im Gedächtnis, um in ihre Heimat zurückzukehren, sofern dieser Begriff eine Bedeutung haben sollte, und wenn es so ist, auf welche Weise kehrt sie zurück? Behält sie das Bild von Landschaften in Erinnerung, die für uns alle gleich aussehen würden, die sich doch in kleinsten Feinheiten unterscheiden, durch die sie bewohnbare Zonen, Gebiete zu unterscheiden vermag? Oder erlaubt es ihr der Instinkt, ein innerer Kompass, der niemals fehlgeht und der sie genau an den Platz zurückbringt, von dem sie aufgebrochen ist, das wiederzufinden, was sie vielleicht zurückgelassen hat, oder jedenfalls ein Stück davon? Folgt sie einer abstrakten Vorstellung, einer Idee dessen, was ein Zuhause sein könnte, und sucht so lange, bis das, was sie sieht, mit dieser Vorstellung übereinstimmt. Oder ist an diesem Ort etwas geschehen, das sie mit ihm verbindet, das sie an ihn bindet und dazu bringt zurückzukehren.

Alles hat ein Gedächtnis, Vögel, Körper und Wasser, jedes Ding erinnert sich auf seine Weise, und niemand kann sagen, ob die Erinnerung des einen der Erinnerung des anderen gleicht.

Die Straße ging vom Bahnhof aus und endete im Zentrum, eine Schneise, die die Stadt teilte, ich kannte weder die Straßennamen noch die Gesichter der Bewohner, alles war mir fremd, und ich ging langsamen Schrittes, immer auf der Hut, als lauerte hier eine Gefahr – aber was für eine? Den Passanten auf der Straße war meine Ankunft gleichgültig, sie waren mit ihrem Leben beschäftigt, und oft waren es junge, gerade erst erwachsen gewordene Leute, als sollte es heißen, diese Stadt hat nichts mehr mit dir zu tun – hat es nie gehabt –, auch nicht mit deiner Familie. Die Zeit ist vorbei, was du suchst, existiert nicht mehr.

– Ein Erdbeben.

– Eine Verpuffung.

Die Worte schwirrten um mich, die gesagten und die ungesagten, ich hörte sie, als wären sie in der Stadt.

Das Hotel lag ein wenig außerhalb des Zentrums, aber es war mir lieber, nicht direkt in der Stadtmitte anzukommen, ein wenig abseits zu bleiben und mir Zeit zu lassen, bevor ich eintauchte, um zuerst einmal einen Zugang zu dieser Stadt oder zu mir selbst zu finden.

Im Hotel musste man ein Formular ausfüllen, seinen Namen hinschreiben, angeben, wie lange man bleiben wollte, und keine Frage war einfach zu beantworten, da mein Name vermutlich alles verraten würde, nicht wie sonst eine Schutzhülle wäre, sondern der Kern, eine Offenbarung des Grundes, warum ich gekommen war, während ich die Dauer meines Aufenthalts kaum mit Bestimmtheit angeben konnte, drei oder vier Tage konnten zu viel sein oder nicht genug, je nachdem, was sich ergeben würde.

– Wir haben dir gleich gesagt.

– Dass du nicht hinfahren sollst.

– Nicht zurückkehren.

– Nicht zurückschauen.

– Es steht dem Leben entgegen.

Die Geschichte hatte sich auch dort abgespielt, Regimewechsel und Generationswechsel hatten sich in Namensänderungen niedergeschlagen, so dass Straßen, die zuerst in Gedenkstätten für die Helden des Widerstands und des Kommunismus umgewandelt worden waren, wieder ihre ursprüngliche Identität zurückerhielten und jetzt wieder so hießen wie zu der Zeit, als meine Familie hier lebte.

Nachdem ich mein Gepäck ins Hotel gebracht hatte – ein leichtes Gepäck im Vergleich zu dem, was ich in mir trug –, besorgte ich mir einen Stadtplan, um mir einen Überblick zu verschaffen, dann setzte ich mich in ein Café, um ihn zusammen mit einem Reiseführer zu studieren. Es war eine ganz normale Stadt mit einigen Sehenswürdigkeiten, der Kathedrale und dem bischöflichen Palast, einem Museum auf einer Anhöhe, einigen Parkanlagen und dem unvermeidlichen Marktplatz. Der Plan gab an, in welcher Richtung Krakau, Łódź, Warschau, Radom und andere Städte mit längeren, schwierigeren Namen lagen, die eine seltsame Geographie bildeten – dann entdeckte ich den Fluss, und mein Herz begann zu pochen.

Seine Ufer waren offensichtlich von einer Promenade gesäumt, dann floss er aus der Stadt hinaus aufs Land. Der Fluss heißt Silnica, ein Name, der laut meinem kleinen Wörterbuch die Wurzel des polnischen Worts für Kraft enthielt – es war eine Hypothese, aber ich spürte, dass eine Kraft von ihm ausging, die mich anzog, wenngleich ich nicht als Erstes dorthin gehen wollte. Doch ebenso wie die Hauptstraße die Stadt von Westen nach Osten durchquerte, teilte der sich kaum schlängelnde Fluss sie von Süden nach Norden in zwei Teile – man konnte ihn praktisch nicht verfehlen.

Die Nacht brach an, ich hatte den Winter gewählt, damit meine Entdeckungen im Dunkeln blieben, damit ein Teil des Geheimnisses gewahrt bliebe.

An meine Alpträume hatte ich nach dem Aufwachen keine Erinnerung mehr, höchstens ein Gefühl wie auf der Flucht bei Gefahr. Das Hotel war fast leer – wer sollte sich auch in diese tiefe Provinz Mittelpolens verirren, und aus welchen Gründen? –, und ich saß allein in einem mit hellen Holzmöbeln ausgestatteten Frühstücksraum.

Anschließend ging ich mit dem seltsamen Gefühl durch die Straßen – wobei ich ihre Straße mied –, ich könnte bekannten oder unbekannten, lebenden oder toten Familienmitgliedern begegnen, als wäre jeder ein Nachbar von ihnen gewesen, als hätte ich hier schon einmal gelebt. Zuerst ging ich durch Parks und Grünanlagen, setzte mich auf Bänke, sah mich um – und blieb oft lange sitzen trotz der Kälte, die mich nicht berührte. Sie lebten dort, ja, alle diese Leute lebten in Kielce, aber wie machten sie das, ihr Leben schien ganz selbstverständlich zu sein, sie gingen mit ihren Kindern spazieren, brachten sie in die Schule, besorgten Einkäufe oder gingen zur Arbeit. Ob ich wie sie gewesen wäre, wenn ich hier gelebt hätte, ob mein Leben hier die Selbstverständlichkeit, die Einfachheit gehabt hätte, die mir in Paris fehlte? Hätte mein Leben hier mehr Sinn gehabt, oder einen Sinn, der einfacher zu finden gewesen wäre? Ich beobachtete, wie sie ihre Mantelkrägen hochschlugen, als ob jede ihrer Gesten etwas bedeutete.

– Du denkst, wir wären dort glücklich gewesen?

– Was glaubst du, warum wir weggegangen sind?

Sie ließen mich nie in Ruhe, der geringste Gedanke von mir wurde verfolgt, überwacht, belauert – ich dachte immer, sie hätten unter der Trennung gelitten, als sie weggingen, und dass ihre Eltern allein darüber entschieden hatten.

– Was hätten wir in dieser Stadt denn tun sollen?

– Siehst du den engen Horizont, der von Bergen versperrt wird.

– Die Hügel.

– Vor allem aber die Feindseligkeit.

– Die Leute, die du so ansiehst.

– Beinahe zärtlich.

– Sind dieselben, die uns verfolgt haben.

– Oder ihre Eltern, ihre Großeltern.

– Ihre Familien.

– Was hätten wir hier tun sollen?

Was habt ihr dort denn Besonderes gemacht, hätte ich sie gerne gefragt.

– Wir haben überlebt.

– Das ist nicht so schlecht.

– Hier wären wir überrollt worden.

– Vom Hass.

– Oder von den Abscheulichkeiten.

– Dem einen oder dem anderen.

– Wir haben überlebt.

Den Anfeindungen standgehalten zu haben, dachte ich, war ihre einzige Heldentat. Ich war die Erbin dieses Vermächtnisses, dessen Früchte es zu ernten galt, und schlug mich mit einem Leben herum, von dem ich das Gefühl hatte, dass es nicht für mich gemacht war, irgendwo war ein Fehler passiert, aber wo und wann?

– Wenn du zum Fluss gingst.

– Würdest du sehen, wovon wir sprechen.

Mir war kalt – mit einem Mal war der Himmel bedeckt, vielleicht würde gleich Schnee auf die kahlen Bäume der Gärten und Parks fallen, auf die Alleen, die zu Büsten berühmter Männer führten, die ich nicht kannte, mit denen ich mich vertraut zu machen versuchte, und so ging ich zur Kathedrale, dann ins Museum mit seinen weitläufigen Räumen, doch auch die Sammlung von Gemälden aus dem 19. Jahrhundert, größtenteils Landschaftsbilder, konnte mich nur einen Augenblick ablenken. Ich wollte nicht zum Fluss gehen, nicht so schnell, aber plötzlich schien mir der Widerstand vergebens, als ob das Ziel meines Besuchs allein dieser Fluss wäre, dessen bloße Linie auf dem Stadtplan mir Angst einflößte.

– Du kannst dein Gesicht verschleiern.

– Das alles hat es gegeben.

Der Name Kielce stammte, wie ich in einem Reiseführer las, den ich in der Zentrumsbuchhandlung gefunden hatte, von einem Plural ab, der einen schneidenden Gegenstand bezeichnete, Klingen, die tief ins Fleisch, tief ins Gedächtnis schnitten, handgeschmiedete Klingen – in welchem Beruf wurden sie verwendet? Ein jeder schnitt in die Existenz der anderen, kappte Verbindungen, stieß andere vor den Kopf – die Unstetigkeit des Lebens. Ich marschierte und marschierte, kreiste den Fluss ein, ohne je an sein Ufer zu treten. Diese Stadt war alles, was ich verabscheute, ein ruhiger Provinzflecken, dem Anschein nach ruhig, von der Sorte, in der sich vermutlich die schlimmsten Verbrechen zutragen, eine etwas verschlafene Innenstadt, die versuchte, ihren Anspruch aufrechtzuhalten, sich lebendig zu geben, mit einem historischen Kern, der Ereignisse erlebt hat, an die sich niemand mehr erinnerte, und modernen Auswüchsen, hastig hochgezogen, die hochtrabende Bezeichnungen trugen, Einkaufszentrum, Industriegebiet, Kulturzentrum, obwohl offenkundig war, dass alles sich seit langem woanders abspielte. Doch während ich in Frankreich keine zwei Tage in einer Stadt dieser Art bleiben könnte, mit Bewohnern, die scheinbar keine Ahnung haben, dass es noch andere Orte, andere Lebensweisen gibt, hielt mich hier – wenngleich ich erst einen Tag hier war – etwas fest, ein Gefühl des Friedens wie bei der Ankunft am Ziel nach einer langen Reise.

– Frieden, sagst du.

– Erinnerst du dich nicht an das, was wir dir erzählt haben?

Sie hatten mir nichts erzählt, niemals, und die Erinnerung, die ihnen fehlte, verwandelte ihren Blick. Ihr verwechselt Tag und Nacht, hätte ich ihnen gerne gesagt, ihr irrt ziellos und ohne Anhaltspunkt durch die weiten Ebenen der Zeit, und ihr meint, ihr könntet euch an Geschichten erinnern, die ihr mir erzählt haben wollt, an Ereignisse, die angeblich stattgefunden hatten? Ihr habt es immer vorgezogen zu schweigen, und das Schweigen geht nun in euer Leben über – eure Welt ist die Leere, die mich aufsaugt, das Chaos, dem ich entkommen will …

– Und du bist dorthin gegangen.

Ja, ich bin gekommen, um zu sehen, ob es über euch hinaus noch eine Herkunft gibt, die mich nicht zu eurer einsamen Insel führt, sondern auf den Boden eines Kontinents, zu einem Zeitlauf, an einen Fluss …

– An einen Fluss.

– Wo mündet er?

– Wir wissen es nicht mehr.

– Obwohl wir in der Schule.

– Einige Jahre.

– Geschichte und Erdkunde hatten.

– Und wir haben daran geglaubt.

– An dieses Land.

– Wir waren seit jeher dort.

– Wir konnten nirgendwohin gehen.

– Aber die Kinder stürzten sich auf uns.

– Beschimpften uns.

– Von ihren Eltern hatten sie gelernt.

– Dass wir nicht so waren wie die anderen.

– Im Katechismusunterricht brachte man ihnen bei.

– Wir hätten Jesus getötet.

– Und das.

– Nahmen sie uns übel.

– Wir konnten nie Freunde werden.

– Einige hätten es gerne gehabt.

– Wenn sie weniger voreingenommen gewesen wären.

– Ihre Eltern wollten es nicht.

– Und wir fragten uns.

– Was wir verbrochen hatten.

– Abgesehen von Jesu Tod.

– Vor zweitausend Jahren.

Und diese stumme Stadt war trotz des Plans, den ich mir besorgt hatte, ein Labyrinth in der Kälte, und ich fürchtete, nicht mehr aus ihm herauszufinden. Die Straße, die ich entlangmarschierte, führte allerdings geradewegs zum Bahnhof, ich hätte nur kehrtmachen müssen.

– Wo mündet er?

– Der Fluss?

Der Reiseführer empfahl mehr Spaziergänge außerhalb der Stadt, Wanderungen in die benachbarten Berge, zu den Ruinen einer nahe gelegenen Burg, in Kielce lasse sich alles an einem Tag besichtigen, auf der Durchreise, ein Spaziergang im Stadtzentrum, bleiben Sie höchstens eine Nacht, dann reisen Sie weiter nach Łódź, Warschau, am Bahnhof fahren täglich Züge ab, nutzen Sie eine Zeit, in der es keine Verfolgungen mehr gibt, bleiben Sie nicht hier.

– In welchen größeren Fluss mündet er?

– Wohin fließt er?

– Aus der Karte geht es nicht hervor.

– Landkarten sind trügerisch.

– Sie lassen einen an irreale Dinge glauben, an subjektive Eindrücke.

– An die Bedeutung einer Stadt.

– Oder an die einer anderen.

– Aber niemand spricht darüber.

– Geschlossene Gesellschaften.

– Was die Leute erleben.

Ich stand am Fluss, ich war dort angekommen – konnte ich wirklich sagen, ohne es zu wollen? Vor mir erstreckte sich ein friedlicher, schmaler Wasserlauf, trotzdem konnte man darin ertrinken, wenn man hineinfiel. Ich schaffte es nicht, das schreckenerregende Bild eines im Wasser lebenden Minotaurus, der das ihm Zustehende forderte, mit dieser fließenden Schneise in Einklang zu bringen, über die man fast mit einem Satz springen konnte. Ich stand reglos da, betrachtete das Wasser, die Brücke, die Brücke und das Wasser, die Promenade am Ufer – war ganz in den Anblick versunken.

Ich stellte mir den Fluss im tiefsten Winter vor, in einigen Wochen würde alles zugefroren sein, und im Hochsommer, der in weiter Ferne war, die Jahreszeit, in der sich die Ereignisse abgespielt hatten, das dichte Laubwerk der Bäume, die drückende Hitze, ich hörte die Schritte, die Schreie, ich konnte nicht bleiben, ich musste weglaufen, fliehen, zum Bahnhof gelangen, einen Zug finden, in den erstbesten einsteigen – ich begann zu rennen und brachte mich im Hotel vor der Gefahr in Sicherheit.

Der Abend brach an, und durch das Fenster sah ich die Dächer, die mir gleichgültig, ja, sogar feindlich gesinnt waren, ich war die Schiffbrüchige, die auf einer einsamen Insel strandete, auch wenn meine bewohnt, zu sehr bewohnt, und nicht von einem Ozean, sondern von einem Fluss, einem einfachen

Fluss gesäumt wurde – mein Leben gehört mir nicht mehr, sagte ich ihnen, denn ich wandte mich unaufhörlich an sie, ihr fragt, ihr ruft, und ich antworte die ganze Zeit nur auf Fragen, die ihr nie gestellt habt und die schwer auf euch lasten, die auf eurem Gedächtnis lasten.

Sie waren dem Fluss entkommen, um in den Gewässern des Lebens zu ertrinken, in denen der Verdammnis, und ich war ihren unbeabsichtigten Angriffen schutzlos ausgeliefert, denn wie Verirrte klammerten sie sich an alles, was sie vorfanden, und sie krallten sich an mich, wie der Bergsteiger, der abstürzt, sich an die Felswand krallt, als wäre ich aus Felsgestein und kein empfindsames Wesen aus Fleisch und Blut – als könnte mir nichts etwas anhaben.

Ich hatte keinen Hunger, keine Lust, zum Abendessen wieder hinauszugehen, allein die Vergangenheit, dachte ich, die Vergangenheit nährt mich, stopft mich, lässt keinen Platz für das, was ihr folgt, für die Zukunft – was kann ich noch erleben? Der hoffnungslose Wettlauf mit der Zeit, dieser Rückwärtslauf ist von vornherein verloren. Die Vergangenheit ist mir unerträglich und zerstört mich, Tag für Tag, Stunde für Stunde ergießt sich das Leben der anderen in mich, das Leben dieser Familie, die nicht meine ist, es nie gewesen ist, es viel zu sehr gewesen ist – selbst der Familienbegriff ist vergiftet.

Das Alter überwältigt uns, sagte ich mir in dieser Stadt, die in der Mitte Europas feststeckte, dieser Stadt ohne Ausgang – das Meer war viele hundert Kilometer entfernt, die Grenzen ebenso, welche Strecke wurde einem da zugemutet, schon das Verlassen des Hotelzimmers verlangte eine Anstrengung –, das Alter überwältigt uns, das Alter und die Zeit. Da sie spüren, dass der Tod naht, und das Scheitern ihres Lebens schärfer hervortritt, klammern sie sich an uns, und wenn wir sie gewähren lassen, wenn wir ihnen eine Angriffsfläche bieten, ist unser Leben aus und vorbei, wir existieren nicht mehr, aber wir verstehen endlich, warum wir geboren wurden, nicht um unser Leben zu leben, sondern um sie zu unterstützen, wenn sie gebrechlich sind, die Verpflichtung zur Fürsorge, die Unterhaltspflicht, all diese Worte, die Zwang auf uns ausüben, die uns nötigen, auch wenn wir sie nicht kennen ... Soviel wir sie auch sehen und besuchen, statt ihnen ein bisschen Stärke, ein wenig Leben zu vermitteln, übertragen sie ein bisschen Schlaf, ein wenig von ihrer Müdigkeit auf uns.

Wie oft hatte ich mir gesagt, wenn ich sie mit geschlossenen Augen und entspanntem Gesicht in ihren Betten liegen sah, ohne irgendwelche Sorgen, da sie alle materiellen Dinge vergessen hatten, da Geld ihnen nichts mehr bedeutete, weder das Verdienen noch das Ausgeben, da all die Worte, die das Auf und Ab der Sorgen bestimmten, Steuern und Abgaben, Mieten, Strom- und Telefonrechnungen, all die fälligen Zahlungen nicht mehr existierten, wie oft hatte ich mir da gesagt, dass sie Recht haben, dass man nichts anderes mehr tun sollte, nur sich ausruhen, schlafen.

Das Alter überwältigt uns, sagte ich mir, als ich auf dem Bett dieses Hotelzimmers lag, diesen unglaublichen Himmel betrachtete, den Himmel, den sie gesehen hatten, den von Kielce, und wenn wir bei ihnen aus dem Haus gehen, ihre Wohnung verlassen, gehen wir langsamer, unsere Beine zittern, und unser Kopf wird leer, und auf einmal haben wir ihr Alter – der Tod lauert nunmehr auf uns.

Ich war in einen Kreislauf geraten, aus dem ich nicht mehr herauskam, dazu verdammt, den Schienen einer Geisterbahn auf einem trostlosen Rummelplatz zu folgen, und in den Fängen der Monster fuhr ich durch die Schrecken einer Welt, von der ich nichts geahnt hatte.

– Deshalb habt ihr mich also kommen lassen.
– Wir haben mit verdeckten Karten gespielt.
– So getan als ob.
– Man lockt die Jüngeren herbei.
– Die unteren Generationen.
– Und springt auf sie drauf.
– Gefangen.
– Sie loszulassen, kommt nicht in Frage.
– Man schlägt alle Saiten an.
– Zieht alle Register.
– Die Liebe.
– Das Schuldgefühl.
– Das Pflichtbewusstsein.
– Eines davon funktioniert immer.
– Hinterher ist es zu spät.
– Wen das Räderwerk erfasst hat.
– Der kommt nicht mehr raus.
– Das ist nicht einmal Rache.
– Nein, das ist der Lebenstrieb.
– Der Überlebenstrieb.
– Ist unwillkürlich.
– Einmal zur Welt gekommen, will man leben.
– Man klammert.
– Klammert sich an sein Leben, an das der anderen.
– Mit allen Mitteln.

Euer Gedächtnisschwund ist einfach, zu einfach, das Vergessen verschafft euch ein ruhiges Gewissen, das Vergessen wäscht euch zu schnell rein, vergessen sind eure ganzen Verfehlungen, euer Spott, euer mangelndes Feingefühl und eure ganzen Irrtümer, eure Unzulänglichkeiten, ihr taucht wieder ein in das ewige Schweigen, das individuelle und das kollektive, in das Schweigen der Nationen über ihre wenig ruhmreichen Epochen und das der Individuen über die Taten, derer sie sich schämen, alles ganz logisch, und dabei bleibt es, jeder von euch hat geschwiegen, und ihr schweigt alle zusammen, seid bis ans Ende eures Lebens Komplizen der verordneten Stummheit, ihr flüchtet euch ins Schweigen der Krankheit, um sicherzugehen, dass ihr bis ans Ende von Fragen verschont bleibt. Denn was bliebe euch noch, wenn sich einmal eine Bresche öffnen würde, wenn man die Lüge erkennen könnte, auf die euer Leben gebaut ist, wenn das Gebäude einstürzen würde?

Ich stand am Ufer, auf der anderen Seite lag das Haus, ein zweistöckiges, weißes Gebäude, das die Ecke vom Kai und von einer angrenzenden Straße bildete, ein würdevoller, stummer Bau, anspruchslos im Gegensatz zu den Neubauten, den Banken und Büros, die der Wirtschaft folgten, sich dem Kapitalismus andienten, und im Gegensatz zu älteren Bauwerken, die Gymnasien oder Fachschulen beherbergten, Überbleibsel, die zeigten, welche Bedeutung man einst dem Wissen beigemessen hatte, ein schlichtes, weißes Gebäude, das ich lange betrachtete, als ob es mir erzählen könnte, was passiert war. Doch hier wie überall herrschte Schweigen, und nur eine Tafel, die ich von der anderen Seite aus kaum erkennen konnte, zeugte von dem Vorfall, der sich hier abgespielt hatte. Ich saß auf einer Bank und wartete, wagte es nicht, über die Brücke zu gehen.

Plötzlich glaubte ich, in unmittelbarer Nähe des Hauses einen Schatten, eine Gestalt zu sehen. Die Gestalt trat an den Fluss und schien zu mir oder in meine Richtung zu schauen. Es war noch hell, auch wenn der Himmel grau war und der Nachmittag auf den Abend zuging, doch ich war mir nicht sicher über meine Wahrnehmung, ich war mir über nichts sicher, über kein Ende, keine Grenze, nicht über die Vergangenheit, die Gegenwart, die Erinnerung, das Vergessen, das Leben und den Tod – ich war in dieser Stadt gestrandet wie ein auf Grund gelaufenes Schiff, ohne Kompass oder sonstige Messinstrumente, fern von allem und vor allem von mir selbst.

Der Schatten, die Silhouette war stehen geblieben, starrte vom anderen Ufer zu mir herüber.

– Bist du gekommen?

Ich wagte nicht zu antworten. Es war niemand in meiner Nähe, ich hatte den Eindruck einer ungewöhnlichen Stille, aber ich misstraute allem – sogar meinen Sinneseindrücken.

– Ich habe dich gerufen, und du bist gekommen.

– Sprichst du mit mir?

– Mit dir. Wartest du auf etwas Bestimmtes?

– Ich weiß nicht.

– Du hast dich auf diese Bank gesetzt.

– Ich sah mich um.

– Kennst du diesen Fluss?

– Ja und nein.

– Weißt du, was hier passiert ist?

– Meinst du die Leichen, die aus dem Haus geworfen wurden? Ein Ritualverbrechen kurz nach dem Krieg, die Hinrichtung von Überlebenden …

– Man hat sie auf dem Friedhof begraben, in einem Massengrab.

– Auf dem Friedhof?

– Wenn man auf der anderen Seite der Felsenhügel entlanggeht, hinter der großen Freilichtbühne, erreicht man nach einiger Zeit den alten Friedhof, auf dem einige Grabsteine geblieben sind, und die Erwähnung des Massakers …

– Eine Gedenkstätte …

– Alle Länder richten gerne Gedenkstätten ein, wenn es zu spät ist. Warum bist du gekommen?

– Entdecken, zurückfinden.

– Dieser Fluss führt den Tod mit sich, er bringt die Geschichte herbei, die Krankheit, die einschneidenden Ereignisse. Es gibt natürlich auch Straßen, Stadttore, Triumphzüge, die den Sieg oder die Republik, die Wiedergeburt des Landes verkünden, aber der Fluss führt die unsichtbaren Ereignisse mit sich, deren Auswirkungen noch dauerhafter sind. Im Sommer wird das Wasser warm, und seltsame Gräser wachsen dort, im Winter friert er zu, und seine Ufer sind schneebedeckt, aber unter der Eisdecke lebt er sein geheimes Leben weiter. Ich sage dir, in seinem Wasser fließt der Tod.

– Wer bist du?

– Welche Rolle spielt das? Würdest du mir aufmerksamer zuhören, wenn du meinen Namen wüsstest? Ich würde dasselbe sagen. Ich frage dich nicht, wer du bist.

– Aber du hast mich doch angesprochen.

– Muss man einen Namen haben, um jemanden anzusprechen?

– Warum erzählst du mir das alles?

– Du bist aus einem bestimmten Grund gekommen.

– Ich habe das Wasser, den Fluss betrachtet.

– Du hast gewartet.

– Ich habe mich ausgeruht.

– Auf dieser Bank, in der Kälte?

– Für einen Augenblick.

– Du hast geschaut, hast gewartet – und jetzt, da etwas geschieht, weichst du zurück.

– Ich friere.

– Vorhin hast du die Kälte nicht gespürt.

In der anbrechenden Dunkelheit verlor die Silhouette ihre festen Umrisse, und ich hätte nicht sagen können, ob es eine

Frau oder ein Mann war, aber die Stimme, die ich hörte, war die eines Mannes – eines alterslosen Mannes.

– Du bist nicht die Erste, die gekommen ist. Ihr meint, es gäbe noch Spuren. Aber hier ist die einzige Seinsweise nicht das Zuschauen, sondern das Teilnehmen.

– Ich habe die Leute in den Parks und in den Geschäften gesehen, sie sehen jung aus und zugleich abwesend, bedrückt.

– Nach dem Regimewechsel meinten sie, sie könnten die Vergangenheit leugnen, aber so einfach ist das alles nicht, auf den Aufschwung folgte der Absturz. Außerdem ist da der Fluss – der schwarze Fluss, das dunkle Wasser. Wie das Schicksal.

Es war vollkommen dunkel geworden, man konnte den Fluss, das Wasser am Ufer kaum noch erkennen, und kein Stern stand am Himmel.

– Warum sprichst du mit mir?

– Außer dem beleuchteten Haus war nichts zu sehen.

– Um dir zu zeigen, was du suchst.

– Wer bist du? Ein Moralist? Ein Lehrer?

– Auf diese Art von Fragen antworte ich nicht.

– Auf welche Art?

– Auf Fragen nach Identität, Einzigartigkeit. Ich will mich nicht unterscheiden – lass mich fortfahren. Der Tod bahnt sich schweigend seinen Weg, und dann, eines Tages, hört man ihn und glaubt, er sei gekommen. Du hast diese Weiden ohne Vieh nicht gesehen, das Vieh konnte schließlich kein vergiftetes Gras weiden, du hast diese verlassenen Häuser nicht gesehen, du kannst ja nicht wissen, dass diese Landschaften der Zerstörung ohne Ruinen dem Bild unserer Welt und den kommenden Zeiten entsprechen. Man glaubt, die Gefahr zu erkennen, aber sie zeigt sich jedes Mal mit anderem Gesicht, so dass unser Blick, hypnotisiert von bestimmten

Formen, starr auf die Vergangenheit gerichtet bleibt, ohne die richtigen Lehren daraus zu ziehen. Jede Epoche wird unter dem Blickwinkel der vorausgegangenen Epoche betrachtet, da die Leute Zeit brauchen, um an die Macht zu gelangen, da sie geprägt sind von ihrer Kindheit oder von Ereignissen, die ihre Eltern erlebt haben, und das müssen sie erst einmal verdauen, um das zu verarbeiten, brauchen sie Zeit. Wenn sie dann an den Schaltstellen der Macht sitzen, meinen sie, sie hätten es begriffen, und sagen, alles werde sich ändern, man werde dieselben Irrtümer nicht noch einmal begehen, aber die Veränderungen, von denen sie sprechen, die Irrtümer, die sie nicht mehr begehen wollen, stammen aus einer anderen Epoche, denn die Zeit ist fortgeschritten, und sie täuschen sich, ohne es zu bemerken, sie verstehen ihre Zeit nicht besser, als ihre Eltern die Zeit verstanden, in der einst sie lebten. Ein Krieg folgt dem Modell anderer Kriege, die internationalen Beziehungen beruhen auf zerfallenen Bündnissen, Reformen auf verschwundenen Gesellschaften, nichts verläuft phasengleich, wir bewegen uns humpelnd vorwärts, gehen zur Unzeit voran. Was du hier suchst, existiert nicht.

– Ich habe keine Idee, ein Name hat mich hierhergeführt.

– Du meinst das Bild, das du dir vom Leben deiner Familie machst. Du willst prüfen, ob es mit der Wirklichkeit übereinstimmt.

– Meinst du?

– Dieser Fluss hat viele Hoffnungen zunichtegemacht. Ich hätte dir noch viel zu erzählen, aber du wirst frieren. Wenn du morgen wiederkommst …

Ich wollte am Ufer bleiben, um zu sehen, wohin er gehen würde, aber ich sah nichts – als ob er mit der Nacht verschmolzen wäre.

Ich war ratlos, als ich die Hauptstraße zurückging, ich ging bis zum Bahnhof, der den Horizont zu versperren schien, ich betrat das Bahnhofsgebäude, studierte die Abfahrtszeiten und die Zielorte der Züge – ich konnte mich für keine Stadt entscheiden, außerdem wäre sowieso kein Zug vor dem nächsten Morgen gefahren.

– Der Mann muss verrückt sein.

– Ein Schwärmer. Davon gab es einige zu unserer Zeit.

– Sie gingen durch die Straßen und trugen lustige Geschichten vor.

– Verkündeten bessere Zeiten.

– Messianische Zeiten.

– Eine strahlende Zukunft.

– Eine radikale Veränderung.

– Man hätte ihnen gerne geglaubt.

– Ob sie selbst daran geglaubt haben?

– Jedenfalls redeten sie davon.

– Lenkten uns von unseren Schwierigkeiten ab.

– Vermittelten uns den Glauben, es gäbe einen Ausweg.

– Einen Notausgang.

– Auf den vorgezeichneten Wegen.

– Was uns letztlich bleibt, sind Erinnerungen.

– Erinnerungen, von denen du dir keine Vorstellung machst.

– Die nicht übertragbar sind.

– Nicht fassbar.

– Unsere Lebensweisen sind so anders.

– Wir verstehen nichts von dir.

– Und du verstehst nichts von uns.

– Das ist das Zeichen unseres Erfolges.

– Unser Ruhmesblatt.

– Und der Preis, den wir bezahlen mussten.

– Der Bruch.

– Das Schweigen.

– Wir überhäufen dich nicht mit nutzlosen Worten.

– Mit nutzlosen Bildern aus der Vergangenheit.

– Du brauchst nichts zerstören.

– Nichts verjagen.

– Der Platz ist offen für die Zukunft.

– Uns hat eine schwere Last bedrückt.

– Die Last einer jahrhundertealten Tradition.

– Religion.

– Sogar aus der Zeit vor unserer Geburt.

– Jeder Lebensweg war vorgezeichnet.

– Jeder Platz besetzt.

– Verzeichnet.

– Benannt.

– Wir haben dir nichts gesagt.

Ich mühte mich im Leeren ab, in der Leere der Weiden ohne Pferde und der Häuser ohne Bewohner, der Leere von Flüssen ohne Schiffe und der von Menschen ohne Vergangenheit, einer Leere, die ich ausfüllen, zuschütten wollte, und dazu war ich bereit, mit Schatten zu sprechen.

In einigen Kulturen steht die Eule für einen Übergang – gewiss hat das mit ihrem Blick zu tun, diesen großen Augen, die immer offen stehen, wenn jeder sie am liebsten schließen würde. Manchmal stellt die Eule auch das Denken dar, das über die Finsternis herrscht, den hellsichtigen Geist, das Licht, nein, nicht das nutzlose Tageslicht, das mit dem der Sonne gleichgesetzt wird und das einen – gnadenlos und ohne Einsicht – blendet, sondern jenes Licht, das durch die Nacht dringt, das Dunkle sichtbar und manchmal verständlich macht. Doch um ein Blitz, ein Schimmer in der Nacht zu sein, eine Art Hoffnung, muss man zuerst in die Dunkelheit eintauchen, ihre Geheimnisse kennen, muss man alle Wege des Labyrinths durchschritten und sämtliche Fallen erkannt haben.

Als Avatar der Nacht, des Regens und der Stürme bei den Azteken kreist sie unermüdlich und verkündet Unheil. Zeigt sie sich, ist es kaum noch eine Warnung, es ist das Zeichen, dass man zu weit gegangen ist, dass man den Punkt erreicht hat, an dem es kein Zurück gibt. Anderswo verbindet man sie mit den Kräften des Unbewussten, mit dem Gleichgewicht der Planeten – der geheimnisvollen Balance zwischen Erde und Mond, dem Gezeitenwechsel. Mit ihrem Flug bestimmt sie das Fließen der Gewässer, wacht über den Lauf der Flüsse und den Lauf der Dinge, über die Pflanzenwelt, mit ihrem Flügelschlag bestimmt sie das Wachstum von Gräsern, Bäumen, Pflanzen, des Lebens, das stockt, wenn sie nicht da ist, wenn sie reglos verharrt.

Doch oft ist die Eule eine Gottheit des Todes, eine Art nächtlicher Schatten, der über den Tagen schwebt und sich im Schweigen ausdrückt. Deshalb findet man sie auf Friedhöfen als Hüterin aus Stein – die Schwelle zur Zeit hütend – auf Grabsteinen und in den Stein von Gedenkstätten eingraviert.

Nach einem leidigen Fußmarsch durch die Vororte der Stadt kam ich an. Ich musste durch einen Park, der eher einem unvollendeten Felsdurchbruch ähnelte, der es aber ermöglicht hatte, dort eine Bühne unter freiem Himmel zu errichten – fern von jenen geheimnisvollen Theatern wie dem von Epidauros, für sternklare Nächte und heilige Tragödien erbaut –, auf der man sich, so verwahrlost wie sie war, allenfalls ein schlechtes Orchester bei den Proben für eine Tanzveranstaltung am Samstagabend vorstellen konnte. Dann war ich auf einen Weg gelangt, der sich endlos an schlichten grauen Gebäuden, dann an niedrigen Häusern entlangzog. Ich ging und ging und fragte mich immer wieder, ob ich mich nicht im Weg oder in der Richtung geirrt hatte – die Abstände zwischen den Häusern wurden allmählich größer –, bis ich schließlich zu einem langen Gitterzaun kam, der ein Brachland eingrenzte und zu einer Art Tor führte, das natürlich abgeschlossen war. Den Schlüssel müsse man sich ungefähr hundert Meter weiter in einem benachbarten Haus abholen, hieß es auf einer Hinweistafel, und dieses von Unkraut überwucherte Brachland war alles, was vom alten Friedhof übrig war. Durch den Zaun sah ich einige Grabsteine, Reste aus einer anderen Zeit.

Das Haus war nicht schwer zu finden. Ich klingelte an der Gartentür, und wenige Augenblicke später – Zeit für den Gedanken, hier wohne niemand, ich könnte den ganzen Weg umsonst gegangen sein – erschien eine Frau auf der Außentreppe und kam zu mir.

Ich hätte gern den Schlüssel zum Friedhof, erklärte ich ihr und fand es seltsam, um den Schlüssel zu einem Friedhof zu bitten, und das auch noch in dieser Stadt, in dieser Sprache.

Aber sie verstand mich, stellte keine Fragen und kehrte mit dem Schlüssel zurück. Ich ging wieder den Zaun entlang bis zum verschlossenen Eingangstor.

– Man hatte uns berichtet, dass nichts mehr existiert.
– Dass alles dem Erdboden gleichgemacht ist.
– In einen Sportplatz umgewandelt.
– In ein Fußballfeld.
– Leute von hier.
– Die nach dem Krieg zurückgekommen sind.
– Sagten, der Friedhof sei zerstört worden.
– Während der Besetzung durch die Nazis.
– Oder danach.
– Sie zerstören sogar Friedhöfe.
– Das Leben zu nehmen, genügt ihnen nicht.
– Sie nehmen auch den Tod weg.
– Vernichten.
– Das Andenken.
– Die Vergangenheit.
– Mehr noch, die Ahnenreihen.
– Es wird Jahrhunderte dauern, um sie zu rekonstruieren.

Ich hatte den Schlüssel zum Friedhof in der Hand, obwohl ich nichts dergleichen besaß, keine Ahnenreihe, die zerstört werden konnte, und keine, die aufgestellt werden konnte, auch keine Tradition, auf die ich mich hätte stützen können, aber ich stieß die Tür auf, als wäre ich aus einem bestimmten Grund gekommen, als wäre ich die Hüterin des Tempels.

Mit einem Stein gedachten sie der Opfer des Nachkriegspogroms, wie sie es hier nannten, zweiundvierzig Leichen, die man in einer Art Massengrab verscharrt hatte, zweiundvierzig Alleingelassene, die dem Unverständnis ihrer Zeit zum Opfer gefallen waren. Dahinter bildeten die Grabsteine, die ich von außen gesehen hatte und die in engen Reihen standen, ein schmales Rechteck – eine Insel aus Stein in einem breiten Strom wogender Gräser – die einzigen Steine des alten Friedhofs, die man gerettet hatte. Manche waren in einem guten

Zustand, andere weniger, aber ich scheiterte an den hermetischen Inschriften in hebräischer Schrift, die ich nicht entziffern konnte. Wäre der Name meiner Familie zufällig darunter gewesen, hätte ich ihn nicht lesen können, es erging mir hier wie ihnen in Paris, ich kannte die Gebräuche nicht, war des Lesens und Schreibens nicht kundig, aber es war unwahrscheinlich, dass unser Name dort stand, denn Gravuren waren nur für die Reichen und Einflussreichen gemacht worden, nicht aber für Arme und Unbekannte. Ausgerechnet vor diesen rätselhaften Grabsteinen, die hier weniger von Widerstand zeugten, als vielmehr das riesige Ausmaß eines Schiffbruchs verrieten, blickte ich auf eine geschlossene Gesellschaft, in der alles im Voraus bestimmt war, die Rollen, die Aufgabenverteilung, in der die Zukunft vorgezeichnet und der Horizont verbaut war. Gewiss, die Auswanderung hatte kaum Probleme gelöst, aber wenigstens die Illusion einer Bewegung vermittelt. Wie sah damals die Zukunft aus in dieser Ebene, in dieser Einsamkeit eines von Traditionen, von Religion bestimmten Lebens, welches Abenteuer wartete auf diesen Wegen, um die der Wind strich – ich sah den Sportplatz –, welche Lebenserfahrung führte bis auf diesen geretteten Friedhof, den man einzäunen und absperren musste, damit ihn niemand schändete? Kein Nachkomme kam mehr, um hier zu beten oder sich zu sammeln, und um den Friedhof war nichts als Schweigen.

– Ein Aufruhr.

– Ein Erdbeben.

– Was suchst du?

– Wir sind doch weggegangen.

– Nicht umdrehen.

Ich hätte gerne gebetet, aber ich kannte kein einziges Gebet, keine heilige Sprache, keinen Trost, man hatte mir nichts dergleichen beigebracht, und allein hatte ich nicht nach Gott gesucht, ich versuchte zu leben – aufzubauen – und schlug andere Wege ein. Aber welche, fragte ich mich auf diesem unbeschreiblichen Friedhof, auf dem ich mich, nach kurzem Zögern, ob ich die Tür offen lassen sollte, eingeschlossen hatte, und auf dem ich nun wie auf einer stillgelegten Weide durchs Gras ging mit der unbestimmten Angst, die Tür nicht mehr aufschließen zu können und hier bleiben zu müssen, bis jemand kommen würde oder die Frau, die den Schlüssel aufbewahrte, sich Sorgen machte, wo ich denn bliebe.

Mir war, als hätte ich meine Kindheit auf Friedhöfen verbracht. Wenn sie zu Beerdigungen oder Jahrestagen gingen, nahmen sie mich mit, an Feiertagen nahmen sie mich immer mit, und dort tauchten plötzlich, obwohl wir abgeschieden lebten, eine Menge fremder Gesichter auf, Männer und Frauen, die mir alt vorkamen, die aber vielleicht nicht älter waren als ich heute, die mir alt und grau vorkamen, die sich zu mir neigten, um mich zu küssen – bei ihrem Geruch erfasste mich immer ein leichter Ekel –, und die mir beiläufig Fragen stellten, auf die ich kurz antwortete, wie alt ich sei, was ich später tun wolle, Jahr für Jahr dieselben Fragen, eine Menge von Unbekannten tauchte auf, die flüsterten ein paar Worte in einer unverständlichen Sprache, halb gesprochen, halb gesungen, der Sprache, die in diese Steine eingraviert war, von denen ich mich immer weiter entfernte.

– Wir dachten, wir würden es richtig machen.

– Es war Tradition.

– Der Totenkult führt zur Achtung der Lebenden.

– Des Lebens.

Gewiss, hätte ich sagen können, ihr habt getan, was ihr tun musstet, ihr habt die Riten und Bräuche vollzogen, aber ohne etwas zu sagen, ohne sie zu erklären.

– Wir haben nicht gelernt, zu reden.

– Es gab zu viel zu tun.

– Zu viel Arbeit.

– Dazu den Haushalt führen.

– Und abends waren wir müde.

– Wenn wir auf dem Boden auf den Matratzen lagen, alle nebeneinander, Eltern, Kinder, die Nähmaschine, das Bügeleisen.

– Die Lebensverhältnisse.

– Die wir hinter uns gelassen haben.

– Kannst du dir nicht vorstellen.

– Wir sind vorangegangen.

Und mich habt ihr, hätte ich ihnen gerne gesagt, irgendwo in einem riesigen Raum zwischen Kielce und Paris hängen lassen, in einem namenlosen Raum, einem nebulösen Gelände wie diesem Friedhof, dessen Überreste kaum zu sehen sind, in einer verdrießlichen Landschaft.

– Wir redeten nicht.

– Wir wussten, woher wir kamen.

– Wir wussten, wohin wir wollten, oder vielmehr, wohin du gehen solltest.

– Abends, wenn du schliefst, flüsterten wir unsere Erinnerungen, um dich nicht aufzuwecken.

– Verstehst du?

– Um dich nicht zu wecken.

Ich verstehe, dachte ich, während ich mir einen Weg durch das Gebüsch bahnte, ich habe in einem Traum gelebt, der nicht mein Traum, sondern eurer war, einem Traum, der möglicherweise auf dem Friedhof von Kielce zu Ende ging, am Ufer des Flusses, oder in der Straße, in der ihr wohntet, dem Traum von Integration und Normalität – wer könnte es euch vorwerfen? Mein Leben hat nicht mir gehört, ich habe versucht, euren Wunsch zu erfüllen, einen unausgesprochenen Wunsch, der aber in jeder eurer Gesten, hinter jedem eurer wenigen Worte zu spüren war, ich habe es versucht, aber ohne Erfolg, und ich bewege mich in der Welt wie auf diesem Friedhof, unsicher – die Menschen, denen ich begegne, sind Schatten, sie sind zwar da, aber unzugänglich wie ihre Umgebung, wie das Räderwerk, die Mechanismen der Gesellschaft.

– Warum bist du gekommen?

– Das frage ich mich auch.

– Wir hatten dich gewarnt.

– Ihr habt mir so vieles gesagt, was falsch war!

– Wir haben nicht gelogen.

– Eure Wahrheit, aber nicht meine. Warum hätte ich euch glauben sollen?

– Siehe den Mörder am Ort seines Verbrechens.

– Dort wird er gefasst.

– Wegen der Gewissensbisse.

– Einer Anziehungskraft.

Mich zog auch etwas an, etwas, dem ich nicht widerstehen konnte, nötigte mich, hierher zu kommen, wer weiß wie viele Kilometer, zweitausend vielleicht, zu fahren, um einen Fluss zu betrachten, der kaum breiter war als eine Eisenbahnspur, und über einen Friedhof zu gehen, der aussah wie eine brachliegende Weide. Auch ich hatte das Bedürfnis, zum Tatort zurückzukehren, aber ich wusste nicht, um welches Verbrechen es sich handelte, und ich war mir sicher – nahezu sicher –, dass ich es nicht begangen hatte.

– Wie kannst du dir da sicher sein?

– Wer ist heute noch unschuldig?

– Bei allem, was wir wissen.

– Uns entgeht nichts mehr, keine Katastrophe, keine Überschwemmung, kein Massaker.

– Mag sein, dass wir nichts lesen, aber wir sehen fern.

– Wir sind über alles auf dem Laufenden.

– In der ganzen Welt.

– Selbst über das Wetter.

– Wir sind nie gereist. Nachdem wir in Frankreich angekommen waren, haben wir die Grenzen nicht mehr überschritten.

– Wir haben nie ein Flugzeug bestiegen.

– Nie die Zeitzone gewechselt.

– Aber ohne unsere Sessel zu verlassen, haben wir New York, Athen und Rom gesehen, haben wir London, Peking, Tokio gesehen.

– Und du glaubtest an die Unschuld.

– Und du wolltest lernen.

– Es gibt nichts mehr zu lernen.

– Nichts mehr kennenzulernen.

– Wir wissen alles, wir haben alles erlebt.

– Überlebt.

– Ja, wenn man überlebt, bleibt nichts mehr zu erleben.

– Es sind nicht unbedingt die gebildetsten Menschen.

– Es sind weder die klügsten.

– Noch die gläubigsten.

– Die überlebt haben.

– Aber wir gehören dazu.

– Und das genügt uns.

– Fortdauern.

– Fortsetzen.

– Durch dich.

Durch mich, aber wer war ich, abgesehen von diesem Schatten, der in einem Friedhof ohne Gräber und Friedhofsalleen umherirrte, abgesehen von der gewagten Konkretisierung eines Überlebenswunsches, der nicht auf mich übergegangen war, der keinen Daseinsgrund hatte, da ich keiner Bedrohung, keiner Katastrophe entkommen war, obgleich mir die Katastrophe mit auf den Weg gegeben war durch eine Art automatische Übertragung, durch die Imprägnierung mit Geschichte, der Geschichte eines Jahrhunderts, dessen Verlauf von einem Kalvarienberg zum nächsten geführt hatte, und jeder trug den Namen eines Ortes – Namen, die zugleich bedeutungsvoll und sinnentleert waren –, Auschwitz, Hiroshima, Tschernobyl, Namen von ausgedehnten Wüsten, Industrie- und Hafenstädten, die zu Nekropolen unsichtbarer Leichname geworden sind, der Geschichte eines Jahrhunderts, das mich durchdrang, mich umzingelte, und so sah ich in den Straßen der Gegenwart nur Geister, die Worte aus einer anderen Zeit murmelten. Die Unschuld war in weiter Ferne, und wer hätte mir eine Chance gegeben, wenn ich einen Neuanfang hätte wagen wollen? Dennoch hätte ich gerne ein Leben ohne Bewusstsein, ein Leben ohne Wissen geführt, ich hätte gerne nur an den Augenblick gedacht, und ich hatte es auch versucht in endlosen durchwachten Nächten, die weit in den Morgen hineinreichten, in Tunneln mit Musik und Tanz, in denen man von den hellen Tageszeiten nichts mitbekam. Auch ich wachte dann am Nachmittag auf, ohne zu wissen, wo ich war, wer ich war; untergegangen in den Gewässern des Schlafs, des Alkohols, lag ich neben irgendjemandem, neben niemandem, neben einem Mann, den ich beim ersten Anblick – seiner Bauchfalten, seiner schwer gehenden Atmung – so schnell wie möglich verließ, ich war tief gefallen, dass ich mich so sehr gehenließ, mich so sehr aufgab für ein kurzes Zusammensein, für ein paar Stunden der Unterhaltung, ein paar Minuten körperlicher Nähe. Nein, das konnte man nicht Unschuld nennen, und meine verzweifelte Suche war nutzlos. Das Vergessen war mir nicht vergönnt.

Ich sah den Unterschied zu dem Menschen, der mein Vater war, der von nun an der irdischen Schwere und den Kümmernissen enthoben war.

Wir gingen zusammen spazieren – da er nicht mehr wusste, wohin er gehen sollte, keine Richtung, keine Adresse und keine Strecke mehr kannte, konnte er nicht mehr allein spazieren gehen –, wir gingen also spazieren, und wenn die Sonne schien, setzten wir uns bei einem Spielplatz auf eine Parkbank. Dann kehrte plötzlich Frieden ein, erfüllte uns, als hätte der Spaziergang kein anderes Ziel gehabt als diese Bank in der Grünanlage und die spielenden Kinder, denen ich zusah – sie waren die Unschuld – und denen mein Vater zusah, als wäre er am liebsten immer nur das gewesen – ein spielendes Kind.

– Ein ungetrübter Augenblick.

– Nicht reden, nicht nachdenken müssen.

– Dem zuschauen.

– Das genießen.

– Was sich bietet.

– Das Leben als Kontemplation.

– Das Leben, ein Zugehen auf andere, durch das man aus sich herausgeht.

– Das es einem ermöglicht, von sich abzusehen.

– In den Zustand der Schwerelosigkeit zu gelangen.

Ich bemerkte die Steine, die dem Vergessen entgegenstanden, die Steine, die in der Erinnerung standen und auf die Feierlichkeiten warteten, die sie weihen, ihnen einen Platz geben würden, eine stille Feier, zu der Menschen jeden Alters und aus allen Himmelsrichtungen zusammenkommen würden, um sich schlicht und einfach in stillem Gedenken zu versammeln. Vielleicht bereiteten sie sich auf ihr Kommen vor, vielleicht waren sie unterwegs, doch ich bemerkte weder, dass sie nahten, noch hörte ich ihre Schritte.

Ich musste zurückgehen – zum Ausgang und zum Zaun – ich hielt den Schlüssel in der Hand, einen einfachen, schwarzen Schlüssel, bei dem man nie darauf gekommen wäre, dass es ein Schlüssel zu einem Friedhof war.

– Endlich gehst du.

– Verlässt diesen trübseligen Ort.

– Und diese Stadt.

– In der du nichts zu suchen hast.

Als ich zur Friedhofstür hinaustrat, hatte ich den Eindruck, etwas dort zu lassen – dessen Sinn und Tragweite mir entging, von dem ich nicht wusste, ob es wohltuend war, sich seiner zu entledigen –, und dieses eine Mal führte ich einfach nur die Handgriffe aus, aufschließen, zuschließen, ohne mich umzudrehen, und ging dann zum Haus jener Frau, ein unscheinbarer, grauer Vorstadtbungalow von der Art, wie es ihn in so vielen Städten und Ländern gibt.

Ich klingelte an der Gartentür, und es dauerte genauso lang wie beim ersten Mal, bis sie mir öffnete, und ich stellte mir in dieser Zeit dieselbe Frage – ob jemand da war –, denn ich hätte nicht angeben können, ob ich zehn Minuten oder eine Stunde auf dem Friedhof geblieben war.

»Kommen Sie doch herein«, bat sie mich.

Ich betrat eine relativ große, aber spärlich möblierte Wohnung, und sie führte mich in ein Doppelzimmer, in dem auf der einen Seite ein mit einer Tischdecke geschmückter, runder Tisch und eine Vitrine voller Nippes und Fotos – Familienporträts – standen, während auf der anderen Seite ein großer Haufen Decken und Wäsche zum Bügeln lag. Sie bemerkte meinen Blick.

»Meine Mutter«, sagte sie. »Sie starb vor einigen Wochen. Ich habe ihre Sachen noch nicht aussortiert. Sie war lange krank«, fügte sie hinzu, während ich mich bemühte, im Wald der dunklen Worte dieser Sprache, die man mir vorenthalten hatte, einige vertraute Klänge auszumachen, anhand derer ich Sätze rekonstruieren und ihnen einen Sinn geben konnte. »Lange Zeit krank«, sagte sie. »Ich habe mich um sie gekümmert – immer zu Hause bleiben, waschen, Toilette, anziehen, und alles wieder von vorne. Verstehen Sie?«

Ich verstand sie weit über den Wortsinn hinaus, denn ich dachte an meinen Vater, der aus dieser Stadt stammte und vielleicht ihre Mutter in der Schule gekannt hatte – nein, die Schulen waren nach Geschlechtern getrennt, aber vielleicht waren sie sich auf der Straße begegnet –, ich verstand die Schwierigkeit, sich dieser gealterten Körper anzunehmen, die man nicht berühren soll und denen wir dennoch Erleichterung bringen, für die wir Schranken überwinden, der gealterten Körper, die uns ein Bild unseres eigenen künftigen Körpers zeigen – und während sie sich unserer Pflege überlassen, verlieren wir die Unschuld auf der Suche nach den Menschen, für die wir diese Last sein werden, die sich später um uns kümmern, und nehmen uns vielleicht vor, es nicht so weit kommen zu lassen und, wenn es sein muss, vorher Schluss zu machen mit dem Leben. Da ich ihr all das nicht sagen konnte, begnügte ich mich mit einem Kopfnicken und murmelte dazu, ich verstünde.

Das Foto offenbarte sanfte Züge, ob sie sich an der Hetzjagd durch die Stadt beteiligt hatte, die im Wasser des Flusses endete, wie alt mochte sie damals gewesen sein – nein, es war unmöglich, sonst hätte ihre Tochter nicht den Schlüssel zum Friedhof gehabt, aber was wussten diejenigen, die ihr den Schlüssel überlassen hatten, und wer weiß, ob der Tochter nicht besonders daran lag, den Schlüssel zu verwahren, weil die Mutter sich an den Ereignissen beteiligt hatte, als eine Art Wiedergutmachung?

Ich musste gehen, und dennoch hielt mich jenes sanfte Lächeln zurück, das auch auf den Fotos von ihrer Mutter zu sehen war, es gab Hoffnung auf die Oase, an der man innehalten, rasten konnte. Ich hätte gerne etwas gesagt, aber ich schwieg, und sie sah mich verloren an, steckte noch in den Nebeln der Krankheitstage, in denen sie die Bettwäsche, die Nachthemden und den Körper ihrer Mutter wusch.

Die Kälte draußen war schneidender als am Morgen, aber die Sonne war durchgebrochen, und der Weg ins Stadtzentrum schien endlos zu sein. Eine lange Straße ohne Rastplatz – die ersten etwas belebteren schmalen Straßen, die ersten alten Gebäude kamen mir vor wie eine Befreiung.

– Weißt du, was bei uns geschieht, während du dort bist?

– Wie wir leben?

– Wir warten auf dich.

– Warten auf deine Rückkehr.

– Wann kommst du zurück?

– Wann kommst du nach Hause?

Zurückkehren ... wo ich doch vor euch fliehe? Wenn ich irgendwohin zurückkehren müsste, mich zu Hause fühlen müsste, dann nicht bei euch, nicht in dem Land, das ihr gewählt habt.

– Wir haben nichts gewählt.

– Wir sind mit unseren Eltern gegangen.

– Wir sind nicht gefragt worden.

– Der Fortschritt.

– Die Wahl, die Freiheit.

– Wenn man dich sieht, fragt man sich, ob das besser ist.

– Was hast du gewonnen?

– Abgesehen von.

– Zusätzlichen Fragen.

– Ungewissheit, Zweifel.

– Du bist verloren.

– Ebenso wie wir.

– Du bist zwar besser eingegliedert.

– Dem äußeren Anschein nach.

– Wenn man deine Kleidung sieht, die Musik, die du hörst, die Bücher, die Zeitungen, die du liest, was sonst noch, den Beruf, deine Interessen …

– Wie man so schön sagt.

– Aber im Grunde genommen irrst du umher.

– Wie wir.

– Auf der Suche nach deinem Leben.

– Du weißt ebenso wenig wie wir.

– Wohin.

– Denn man muss sich verirrt haben, hoffnungslos verirrt, um dorthin zurückzugehen und zu glauben, man könne dort etwas finden.

– Du irrst genauso umher wie wir, auf seltsamen Gängen, in die weder Licht noch Dunkelheit fällt, in denen nichts mehr Folgen hat.

– In denen sich nichts fortsetzt.

– Außer dem Leben.

– Und der Zeit.

– Aber eine zersplitterte Zeit.

– In der Spanne, die sie einen Tag nennen.

– Bricht die Nacht zehn Mal an.

– Kommt das Abendessen zehn Mal wieder.

– Mit welchem Recht hält man ihre Welt für wahrer als unsere?

– Für wirklicher?

– Und ihr Zeitmaß?

– Für richtiger?

– Wir haben auch das Recht zu reden.

– Selbst wenn uns die Worte fehlen.

– Das Recht zu erzählen.

– Zu schlafen.

– Zu träumen.

– Unsere Träume und Alpträume sind weder schlechter noch besser als eure.

– Seit langem schon.

– Kündigte sich die Krankheit an.

– Wenn es denn eine Krankheit ist.

– Und nicht eine Lebensform.

– Alles, was wir nicht gesagt haben.

– Was wir nicht gemacht haben.

– Die verschwiegenen Leiden.

– Die Flucht, die Umwege, alles, was wir offenkundig durchgemacht haben.

– Was wir geschluckt haben.

– Mit zusammengebissenen Zähnen.

– Mit geballten Fäusten.

– All das hat sich irgendwo in uns breit gemacht und einen Weg gebahnt, den der Verweigerung, des fortschreitenden Vergessens.

– Des Vergessens der kleinen Dinge.

– Dann der großen.

– Der Verantwortung.

– Nach unserer Meinung hat sowieso niemand gefragt.

– Des Gewissens.

– Unser Leben entsprach sowieso nicht unseren Wünschen.

– Der Sprache.

– Zu reden nützte uns sowieso nichts.

– Verstehst du?

Zurück im Stadtzentrum, flüchtete ich mich in ein Café, das der Einrichtung mit neuen Holztischen und den Jutesäcken nach zu schließen, in denen der Kaffee aus Lateinamerika und Afrika aufbewahrt wurde, erst kürzlich eröffnet worden war, und ich trank einige Schlucke des heißen Getränks, das in einigen Ländern, wie man mir gesagt hatte, ein Trauertrunk war. Ich verstand vor allem, dass man die Menschen nie versteht, mit denen man zusammenlebt, die Mitglieder der eigenen Familie, die aus der vorherigen Generation, die aus der nachfolgenden Generation, und dieses schmerzliche und zugleich unvermeidbare Missverständnis ist der Ursprung aller anderen Missverständnisse. Ich verstand, dass das eigene Leiden für die anderen nie zählte im Vergleich zu dem, was sie erlitten haben, aber auch, dass jeder mit seinem Leiden allein ist. Ich betrachtete die Gäste, die sich lebhaft unterhielten – welches andere Leben verbargen sie?

Ich wusste, dass auch sie auf der Suche nach Arbeit, auf der Suche nach Geld waren, dass sie für einen Monat, mehrere Wochen oder länger über die Grenze gingen, dass sie bei uns Berufe ausübten, die nicht ihre erlernten waren, die niederen Arbeiten, die niemand sonst machen wollte, putzen, bügeln, alte Menschen pflegen, obwohl sie eigentlich Lehrer, Kaufleute oder Buchhalter waren. Von den großen wirtschaftlichen Umwälzungen im Stich gelassen, verdienten sie, wenn sie Einkäufe machten für Menschen, die nicht mehr aus dem Haus gehen konnten, wenn sie Menschen das Haar wuschen, die nicht einmal mehr ihren Namen wussten, wenn sie mit Menschen ausgingen, die nicht mehr alleine gehen konnten, mehr als durch den Unterricht an Schulen oder in der Buchhaltung von Firmen am Rande des Bankrotts. Mit diesem hart verdienten Geld ernährten sie eine Familie, die in diesem Land geblieben war, in der Stadt, in der ich jetzt war – und ermöglichten es ihren Kindern, weiter zu studieren oder sich um ihre Kinder zu kümmern, oder sie sorgten dafür, dass ihre Eltern es etwas bequemer hatten. Dafür saßen sie stundenlang in Bussen, die Tag und Nacht fuhren, und hielten die Augen offen, ängstlich besorgt, welche Arbeit man ihnen anbieten würde, auf welche Menschen sie treffen würden, dafür stiegen sie in aller Frühe aus einem Zug, rüsteten sich, um eine Zukunft in Angriff zu nehmen, die ihr Land ihnen vorenthielt.

Nach Anbruch der Dunkelheit hatte ich das Bedürfnis, zum Fluss zu gehen – es war mitten am Nachmittag und schon dunkel wie in der Nacht.

– Ich war auf dem Friedhof.

– Ich weiß.

– Woher weißt du das.

– Ich habe dich gesehen.

– Ich war allein.

– Ich sehe alles.

– Wer bist du?

– Das liegt lange zurück.

– Ich ertrage diese Stadt nicht mehr, und noch weniger ihre schweigenden Menschen, ihre unverständlichen Worte, wenn du mir wenigstens sagen könntest, wer du bist ...

– Das würde nichts daran ändern.

– Ob das für mich auch so ist, kannst du nicht wissen.

– Du glaubst an die Macht der Namen.

– Wir sind das ganze Leben über von Namen umgeben, Namen und ihr Klang haben mich geformt, deshalb bin ich hier.

– In Kielce.

– Ich wollte wissen, ob die Stadt auch außerhalb ihres Namens existierte.

– Du siehst, die Existenz liegt außerhalb des Namens. Es war tiefe Nacht geworden, einige Sterne und der Mond waren aufgegangen, während die an der Mauer des Hauses angebrachte Gedenktafel von einem übernatürlichen Licht beleuchtet schien.

– Was hast du auf dem Friedhof gesehen? Was herausgefunden?

– Das weite Feld des Schweigens weckte in mir das Bedürfnis zu reden.

– Das ist nicht der Friedhof.

– Nein, das ist mein Leben.

– Das verstehe ich nicht.

– Die Einsamkeit, die es umgibt.

– Die dich umgibt?

– Trotz der Leute, die einander nahekommen, trotz der Berufe, die zu Kontakten zwingen, gibt es so wenig Haltepunkte, so wenig Stellen, wo man sein Gepäck und seine Rüstung ablegen kann, so wenig Gespräche. Wie bei uns.

– Was willst du damit sagen?

– Wir tappen im Dunkeln zu beiden Seiten einer Grenze, jeder in einem Land, auf einem Gebiet, an einem Ufer.

– Weißt du, was uns trennt?

– Der Fluss.

– Weißt du, was der Fluss ist?

– Der Lauf der Dinge.

– Und darüber hinaus?

– Willst jetzt du Namen haben?

– Um auf deine Fragen zu antworten. Aber du kennst die Antwort.

– Vielleicht.

– Und du willst sie nicht hören.

– Wahrscheinlich nicht.

– Sie würde dich ängstigen, dich verwundern.

– Mich wundert nichts.

– Nie?

– Seit ich hier bin, nicht. Ich suchte nach einer Quelle, einem Ursprung …

– Nach einem Daseinsgrund?

– Nach etwas, das mir hilft zu existieren. Ich dachte, durch die Rückkehr zu den Quellen könnte ich die Kraft schöpfen, weiterzumachen, oder vielmehr, von Neuem zu beginnen, einen anderen Weg einzuschlagen, einen neuen Weg zu erforschen. Denn ich bin des alten Weges müde.

– Müde?

– Es ist eine Sackgasse. Ich komme nicht aus dem Schatten der Familie heraus. Es braucht nicht viele Menschen, um jemanden zu erdrücken, ein oder zwei genügen.

– Das stimmt.

– Du hast doch sicher auch eine Familie – wie jeder.

– Ich hatte eine.

– Erinnerst du dich.

– Ziemlich gut.

– Und haben sie dich am Leben gehindert?

– Mehr oder weniger. Ich glaube, das habe ich dir schon erzählt.

– Mir schon erzählt?

– Du hörst nicht zu, oder du erinnerst dich nicht – wozu ist es gut, zu reden?

– Du hast mir nur die Geschichte des Flusses erzählt.

– Hier vielleicht.

– Haben wir uns schon einmal gesehen, sind wir uns bereits begegnet?

– Erinnerst du dich nicht?

– Liegt es lange zurück?

– Ja und nein.

– In Paris?

– Ich war noch nie in Paris. Ich bin nie hinausgekommen über …

– Du bist der Bruder.

– Genau.

– Diese vertraute Stimme – ich habe dich nicht wiedererkannt, ganz ehrlich, ich dachte nicht mehr an dich.

– Ich bin nur eine Erinnerung, die Erinnerung, über die man nicht spricht.

– Du bist die Gelegenheit, die sie nicht ergriffen haben, der Weg, den ich zu gehen versuche.

– Und wie nennst du das?

– Freiheit.

– Ein hehres Wort.

– Seinen eigenen Weg gehen, wenn dir das lieber ist.

– Das ist es. Und wann wirst du abreisen?

– Ich glaube, bald.

– Und du besuchst nicht mehr die Straße, in der wir wohnten?

– Ich weiß nicht. Ich weiß die Hausnummer nicht.

– Ein Haus mit Portalvorbau, mit Innenhof.

– Das Haus steht vielleicht nicht mehr.

– Ich bin nicht zurückgegangen. Ich bleibe am Ufer des Flusses, dort, wo mein Leben endete.

– Dennoch habe ich dich an einem Bahnhof gesehen, in einem anderen Land.

– Manchmal besuche ich Bahnhöfe – ich wäre so gerne gereist. Ich liebe den Lärm der Züge und vor allem den Anblick der Schienen, die in der Ferne verschwinden.

– Woanders zu sein …

– Aber dabei wieder zu sich finden, aller anderen Verpflichtungen und Einflüsse entledigt sein. Ich war bei ihnen, habe ihr Schicksal geteilt und bin daran gestorben, ich war ihr erstes Opfer, an jenem Abend dachte ich, ihnen zu entfliehen, es war kalt wie heute, und das war mein Fehler, ich hätte im Frühling weggehen sollen, wenn die Tage länger sind, ich wäre weit gegangen, und nicht gestürzt, und das Wasser wäre nicht eiskalt gewesen, aber ich hatte es zu eilig – ein Gefühl der Dringlichkeit, der Enge … Ihr erstes Opfer. Du ahnst ja nicht, wovon ich träumte.

– Ich träume auch.

– Anfangs erzählte ich ihnen davon, aber sie begegneten mir mit so viel Unverständnis, sie hatten nicht die geringste Neugier, da schwieg ich lieber. Du hast mich aus dem Schweigen herausgeholt. Ich war bei allem dabei, bei allem, was passiert ist. Im Krieg und bei den Verfolgungen, den Leuten, die man herbrachte, die man jagte, die man massakrierte, die man vertrieb, bei den Umsiedlungen, Enteignungen, Blutbädern, dem Jubel darüber, ich habe alles gesehen, die Begräbnisse, die Zerstörungen, die Gefängnisse, die Verseuchungen, ich habe ihre Feiern und ihre Zeremonien gesehen, ihre Glaubensbezeugungen, ihre Reden und ihr Handeln, die Arroganz der Sieger, die verwüsteten Herzen, die Nationalhymnen, ich habe die Einsamkeit und vor allem das Schweigen gesehen. Die Menschen halten sich für stärker, für unterschiedlicher, für unabhängiger, als sie es eigentlich sind. Ich habe sie gesehen, als sie an ihre Religion glaubten und als sie nicht mehr daran glaubten, als sie sich dem politischen System beugten, sich erniedrigten und sich erhoben. Ich war dabei, ohne sprechen zu können, ich ahnte es voraus, ohne warnen zu können – nicht einmal vor den Gefahren des Flusses. Wenn wir glauben wegzugehen, leichten Herzens zu gehen, die Last und die Mühsal hinter uns zu lassen, die Fesseln abzuschütteln, wenn wir glauben wegzugehen und zu fallen, zusammenzubrechen – weil wir allein sind und nicht ohne die anderen, ohne die Familie auskommen –, halten wir uns zwar für frei, aber das Gefängnis bleibt, und die Wärter bleiben, ihr Bild ist überall, umstellt und umzingelt uns. Ich begann zu rennen, es war kalt, es war dunkel, ich rannte, um dem Winter zu entkommen, aber auch der Meute ihrer Vorwürfe, ihren Reden, ich rannte und hörte ihre Stimmen, die der Wind mir zutrug, und je weiter ich fortlief, umso lauter waren ihre Stimmen, ich dachte, ich könnte ihnen niemals entkommen, was sollte ich tun, umkehren, ich war schon weit weg, zu weit weg und verloren – wenn ich immer nur dem Fluss folgen würde, dachte ich, könnte mir nichts passieren, ich stieße auf den größeren Fluss, der mich bis zur Hauptstadt führte, und dort wäre ich außer Reichweite. Ich sah die Prachtstraßen, die auf den großen Museumsgemälden abgebildet sind, ich sah die Paläste und diese schöne Straße, die Neue-Welt-Straße heißt, ich sah die Schneise, die sie durch den Wald schlug, ich sah die Lichter der Straßenlaternen in der Dunkelheit, ich war kurz davor, zu entkommen, und plötzlich bin ich gestolpert und dann gefallen, ich habe etwas Kaltes, etwas wie Eis gespürt – es hatte aber noch nicht geschneit –, eine Klinge schnitt durch meine Brust – es war aber niemand da –, und ich begriff, dass es Wasser war, das Wasser des Flusses, ich habe mich gewehrt, aber es war zu spät, das Wasser hüllte mich ein, es war über mir, unter mir, mit einem unbeschreiblichen Gewicht, unmöglich anzuheben, schwerer als Metall, schwerer als die Vergangenheit, die Last des Wassers – des Eiswassers …

Es war kalt, und der Mond schien, er stand hoch am Himmel, von dem sich die kahlen Bäume abhoben, die ihre Äste zu den Sternen ausstreckten, jetzt spürte ich die Kälte, die ich zuvor nicht gespürt hatte, und ich hörte nichts mehr – seine Stimme war untergegangen. Ich sah zum anderen Ufer hinüber, aber da war niemand, keine Silhouette und keine Gestalt, es herrschte Leere, sie hatte immer geherrscht. Was machte ich eigentlich so spät am Fluss?

Ich ging zurück ins Hotel und auf mein Zimmer, starr vor Bestürzung und Kälte, unsicher über die Zeiträume und Entfernungen, vor dem Fenster tat sich derselbe Himmel mit denselben Sternen auf, leuchtete derselbe Mond – er war ohne jede Vorwarnung verschwunden wie Leute, die verschwinden, ohne sich zu verabschieden.

Das also habe ich hier gesucht, begriff ich endlich, diesen Abschied, der mir so gefehlt hatte und immer noch fehlte, der Abschied von denjenigen, die weggehen, zuerst meine Mutter, jetzt andere – der Bruder und die Schwester, denen er ebenso fehlte und die schon zum anderen Ufer unterwegs waren, schweigsam und unnahbar für diejenigen, die wie ich auf dieser Seite zurückblieben – für wie lange noch? Dieser Abschied, das begriff ich, als ich den schwarzen Himmel betrachtete, würde mir nie gewährt werden, ich brauchte nicht darauf zu warten – ich hatte von niemandem mehr etwas zu erwarten.

Und ich musste abreisen.

– Die Friedhöfe sind leer.

– Unbewohnt.

– Die Flüsse leer.

– Das Wasser verseucht.

– Niemand ist da, der mit dir reden würde.

– Von dem du etwas erfahren würdest.

– Niemand, von dem du dich verabschieden könntest. Abreisen, und niemand bleibt auf dem Bahnsteig zurück.

Sie schwebt über öden Landstrichen, kommt der Sommer, kehrt sie wieder zurück in ihr Revier – ihr Reich –, einen Ort ohne Zukunft und Vergangenheit, an dem es keine Spur gibt, keinen Überrest irgendeiner Zivilisation gibt, ein unberührtes Land, von dem niemals etwas ausging, kein Eroberungskrieg und kein Erkundungsfeldzug, ein Land, das niemals besetzt wurde, das immer zu weit entfernt war vom Machtzentrum. Darin, dass es die Unschuld der Schöpfung bewahrt, darin – und durch das Weiß des Schnees, des Eises – gleicht dieses Land der Schneeeule, die es überfliegt, denn auch in ihr lauert ein Geheimnis, auch in ihr ist die Karte einer anderen Zeit gezeichnet. Über ihrem Tun, über ihrem Flug liegt nicht der Schatten einer Arglist oder eines Rückzugsgedankens – ihr Flug drückt den Augenblick aus, die Konzentration im Aufschwung.

Die Schneeeule flieht vor nichts, denn nichts kommt an sie heran, sie ist das Wesen und die Gegenwart – das Ganze.

Es war kein Mittelweg möglich, es hieß entweder hier oder dort – Hier und Dort konnten die Plätze tauschen, sich umkehren, aber ich musste entweder abreisen oder dableiben, entweder sofort abreisen oder für immer dableiben, keine Halbheiten, keine angehängten Tage, um das Schweigen und die Nacht zu durchmessen, um am Ufer des Flusses entlangzuirren, ich wollte nicht einmal das Haus sehen, wo man die Menschen aus dem Fenster geworfen hatte, und ich entschied mich zur Flucht, wie meine Familie geflohen war, vor der Prägung durch die Vergangenheit und dem Mangel an Zukunft.

Doch die Flucht hing von den Fahrzeiten ab, und obgleich mein Gepäck bereits seit dem Morgen bereitstand, musste ich doch bis zum Nachmittag warten, um einen Zug zu bekommen, der Anschluss hatte, um dann den Nachtzug zu erreichen, der mich schließlich nach Paris bringen würde. Daher beschloss ich in der verbleibenden Zeit die Straße aufzusuchen, von der sie mir erzählt hatten, in der sie gewohnt hatten und die von der Kathedrale zum Markplatz führte. Es war eine schmale Straße, die von den Anhöhen der Stadtbezirke in ein verfallendes Zentrum hinunterging. Welches Haus war es? Würde ich ein Zeichen finden, einen Hinweis, der auf das Haus deutete, würde sich bei mir ein Gefühl des Wiedererkennens einstellen, würde etwas in mir aufschreien, oder würde ich gleichgültig vorübergehen?

Das Wort Gleichgültigkeit traf die Sache kaum, denn mein Herz pochte, als würde ich in eine verbotene Zone eindringen, eine Grenze überschreiten, durch das Tor eines Privathauses treten, es war eine Art Lampenfieber oder die gespannte Angst vor einem Ergebnis, auf das man wartet. Die Häuser an der Straße sahen alt aus, einige waren jedoch renoviert worden, und häufig war der Zutritt durch eine Gegensprechanlage oder eine verschlossene Eingangstür versperrt. Ich ging die Straße auf und ab, erst auf dem einen, dann auf dem anderen Bürgersteig, dabei blieb ich bei jeder Hausnummer stehen und hielt, sofern es möglich war, Ausschau nach einem Hof.

– Du glaubst, du seiest am Ziel.

– Aber alles hat sich verändert.

– Damals gab es diese versperrten Türen nicht.

– Man trat durch einen Portalvorbau.

– In einen dunklen Gang.

– Dahinter schloss sich ein trister Hof an und auf der linken Seite ein flaches Gebäude.

– Das war es.

Welche Hausnummer, wollte ich sie fragen, hätte ich sie gerne gefragt, doch sie hörten mir nicht zu – es hat nie ein Gespräch zwischen uns gegeben, und wenn sie mir schon einmal etwas erzählten, was selten der Fall war, waren sie in ihrer Geschichte gefangen, umschlungen, eingeschnürt von Erzählsträngen, die sie nicht überblickten, so dass sie beim leisesten Geräusch aufschreckten, so ungewohnt war es für sie, lange zu sprechen. Wo war ich stehen geblieben?, fragte der eine oder die andere, ohne den Faden wieder aufzugreifen.

Mit der Krankheit, dem langsamen Versinken darin, wurde es noch schlimmer, denn sie hörten mitten im Satz auf, verknüpften Dingen, die nichts miteinander zu tun hatten, die offenblieben, und nahmen mit einem Handstreich alles zurück, was sie zuvor gesagt hatten.

Ich betrachtete die Straße, die mir unverhältnismäßig lang vorkam, eine Straße ohne Hausnummern, eine Art stumme Karte, die nur eine wirre Angst ans Licht brachte, die Angst, es zu finden, und die Angst, nichts zu finden.

– Der Hof.

– Das ist leicht.

Sie beachteten die Zahlen nicht, überhaupt keine Zahlen, sie hatten jetzt andere Anhaltspunkte, um die Adressen, die bekannten Gebäude wiederzufinden. Als mein Vater noch zu mir kommen konnte, stieg er immer eine Station zu früh oder zu spät aus der Métro und ging zu Fuß weiter, er verlief sich und fand sich dann auf wunderbare Weise doch wieder zurecht wie ein Akrobat, der nach einem gefährlichen Sprung wieder auf seinen Füßen landet. Anfangs begleitete ihn seine Schwester, als sie noch in der Lage war, ihn zu führen, doch dann verlor auch sie ihren Ortssinn, den Orientierungssinn, und wenn sie zu zweit unterwegs waren, addierten sich ihre Irrtümer. Dann kam die Zeit, in der sie die Wohnung nicht mehr verlassen wollte, während mein Vater im Gegensatz zu ihr lieber ausging, als zu Hause zu bleiben.

– Du glaubst noch an Zahlen?

– An Hausnummern?

– Nichts ist mehr wie früher.

– Die Welt ist stumm.

– Niemand macht sich verständlich.

– Den anderen verständlich.

– Wir haben es versucht.

– Man versteht uns nicht mehr.

– Und das liegt nicht an der Sprache.

– Nicht an den Wörtern oder der Grammatik.

– Es sitzt tiefer.

– Eine andere Zeit.

– Wir sind Fremde.

– In der Zeit.

– Nichts weckt Erinnerungen in uns.

– Nichts ist wie früher.

Ich sah ein offenes Portal, das mir bis dahin nicht aufgefallen war, und einen Gang, der genau dem glich, den ich suchte, er ging auf einen tristen Hof hinaus, wie ich es mir immer vorgestellt hatte, mit einem niedrigen Haus an der Seite.

Das ist es, dachte ich.

Doch es war niemand da, der es mir hätte bestätigen können, mir hätte widersprechen können – ich brachte nicht mehr darüber in Erfahrung, würde nie mehr darüber wissen.

Ich stand reglos da, betrachtete den grauen Zement der Mauern, wartete darauf, dass er mir etwas mitteilte, etwas sagte, dass ein Zeichen erschien oder eine Tür sich auftat, ich suchte nach einem Klingelschild mit Namen darauf, nach einem Briefkasten, als könnte ich dort noch immer den Namen meiner Familie finden, doch es gab weder Klingelschilder noch Briefkästen, nur ein Auto und ein kleines Mädchen, das mit einem kleinen Jungen spielte, einem Nachbarsjungen oder ihrem Bruder. Ich wartete auf ein auslösendes Ereignis, damit sich die Vergangenheit vor mir abspielen würde wie ein Film, den man auf die graue Mauer projiziert hätte, doch alles blieb, wie es war, von belangloser Gegenwart – sogar die blindwütigen Stimmen schwiegen.

Und außerdem war diese Adresse, wenn es denn hier gewesen wäre, nur eine Herkunft – und was ist überhaupt eine Herkunft?

– Der Ort schlechthin.

– Wir waren dazu geschaffen zu bleiben.

– Jeder will heimisch werden.

– Wurzeln schlagen.

– Auf Dauer.

– Wozu hat man Kinder?

– Warum forscht man nach neuen Medikamenten?

– Um das Leben zu verlängern.

– Die Zeit zu besiegen.

– Den Tod.

– Im Leben geht es erst bergauf, dann bergab.

– Jeder wünscht sich, mitten im Aufstieg zu verharren.

– Oder immer weiter aufzusteigen.

– Niemals abzusteigen.

– Nicht umzukehren.

– Deshalb wollen wir.

– Wollten wir immer.

– Bleiben.

– Um uns sollte sich nichts verändern, damit wir das Gefühl hatten, dass auch wir uns nicht veränderten.

– Nicht alt werden.

– Uns nicht verändern.

– Und dennoch mussten wir weggehen.

– Und du bist hier.

– In diesem Hof.

– Der aussieht wie unserer.

– Und was empfindest du? Was würden wir an deiner Stelle empfinden?

– Du meinst, du seiest wie wir, aber das stimmt nicht.

– Du bist nicht von hier.

– Wir wollten dich befreien.

– Dir ein Leben bieten.

– Und haben dich eingeschlossen.

– In die Vergangenheit, die Erinnerungen.

– Und das Schweigen, sagst du.

– Wir haben es nicht verstanden.

– Und in diesem Hof.

– In dem du suchst.

– Gibt es nichts zu finden.

– Du kannst stunden-, tage-, nächtelang bleiben.

– Es gibt nichts.

– Wir haben es dir immer gesagt.

– Aber du musstest es selbst sehen.

– Um es einzusehen.

– Jetzt verstehst du es.

Die Leute schauten mich an, wunderten sich, was ich in diesem gesichtslosen Hof machte, den ich mir einprägen wollte, um ihn eines Tages wiederzusehen, damit er mir in Erinnerung bliebe mit seinen Pflastersteinen, dem Zement, der sich an einigen Stellen auflöste, dem Auto und den Leuten, den Fenstern und der kleinen Tür, zu der zwei Stufen hinaufführten. Und dann fragte mich schließlich jemand etwas, wahrscheinlich, was ich hier suchte, und diese Frage, die ich nicht verstand, riss mich aus meiner Betäubung.

Ich ging zurück ins Hotel, nahm mein Gepäck in die Hand und marschierte los, ging die Hauptstraße hinauf, und dort am Ende, im schmucklos leeren Bahnhofsgebäude, vor den Holzpfosten, an denen vielleicht der Bruder und die Schwester gelehnt hatten, bevor sie den Zug nahmen, setzte ich mich auf eine Bank und wartete.

Die Zugverbindungen klappten, das Umsteigen, die Anschlusszüge – die Landschaften verschmolzen in der Eintönigkeit der Winterabende.

Bei meiner Ankunft erkannte ich nichts wieder, wie jeder, der nach einem hundertjährigen Schlaf wieder zurückkehrt – und hätte ich in einen Spiegel geschaut, hätte ich mich vielleicht selbst nicht mehr erkannt. Vor der Tür zu dem Haus, in dem ich wohnte, musste ich mein Notizbuch aufschlagen, um den Code für die Schließanlage nachzuschlagen, denn ich hatte ihn vergessen.

Der Hof erschien mir überdimensioniert, die Stufen, die zur Eingangstür des Hinterhauses führten, zu hoch, ich verrichtete alle jene Gesten, den Schlüssel hervorholen, ihn ins Schloss einführen, aufschließen, mit einem Gefühl der Fremdheit, und in der Wohnung spazierte ich umher wie in einem Hotelzimmer – alles, was ich brauchte, war da, doch ich hatte nicht das Gefühl, zu Hause zu sein.

Ich räumte meine Sachen auf, sah die Post durch, las die Briefe und prüfte die Rechnungen ein wenig, als handelte es sich um die Angelegenheiten eines anderen, als machte ich das für den Bruder und die Schwester. Plötzlich ging mir auf, warum ich mich nicht wie nach Hause zurückgekommen fühlte, ich hatte mich in der Adresse geirrt – ich hätte zu ihnen gehen müssen.

– Du kommst zu uns.

– Du kommst uns näher.

– Wir haben auf dich gewartet.

– Schweigend.

– Und du kommst.

– Die Belohnung.

– Für unsere Hartnäckigkeit.

– Wir haben nämlich gelitten.

– Unter deinen Reisen.

– Deinem Kommen und Gehen.

– Deiner Weigerung.

– Wir haben gewartet.

– Und gehofft, du würdest.

– Eines Tages deine Meinung ändern.

– Es macht uns nichts aus, so lange gewartet zu haben.

– Hauptsache, du kommst.

Draußen schwieg die Welt wie am Tag nach einer Katastrophe, die alles weggespült, jedes Lebenszeichen, jegliches Dasein ausgelöscht hätte.

Ja, ich kam zu ihnen, ich kam, um wiederzufinden, was ich hatte verlassen wollen, doch die zu großen Anstrengungen hatten mich zermürbt – vergebliche, nutzlose Anstrengungen im Kampf gegen den Lauf der Dinge und der Zeit.

– Da bist du ja.

– Endlich.

– Du gehst nicht mehr fort.

– Nie mehr.

Sie standen auf der Türschwelle, ohne ein Lächeln, reglos, stumm. Sie begrüßten mich, ohne dass irgendetwas Anlass gegeben hätte zu sagen, sie hätten mich wiedererkannt, auch in ihnen war die Zeit verflossen, ich fand sie abgezehrt und gealtert, mehr denn je in eine unzugängliche Welt eingesperrt, die nur in ihrem Inneren existierte.

Dann erzählte ich – eine ungewöhnliche Szene, ich redete, und sie hörten zu –, ich erzählte von meiner Reise, manchmal hatte ich den Eindruck, sie verstünden, in anderen Momenten schienen sie mir in ihren geheimnisvollen Gedanken versunken, und meistens waren sie nirgendwo, mit starrem, leerem Blick, aber nicht bereit aufzugeben, ich fuhr fort, klammerte mich dabei an den Zwischenwänden fest, die in den Abgrund eintauchten, und vermied es, ihrem leeren Blick zu begegnen, ich erzählte vom Fluss, von dem erleuchteten Haus in der Nacht, vom aufgegebenen Friedhof – alles fiel mir wieder ein, und vielleicht geschah es da, dass ihnen alles wieder einfiel.

Dann erzählte ich von dem Bruder, von unseren Gesprächen auf dem Bahnhof, am Fluss, und ich meinte, bei ihm und bei ihr im selben Augenblick den Anflug eines Lächelns zu sehen.

– Endlich hast du es verstanden.

– Das Geheimnis, das uns bedrückte.

– Dieses Verschwinden.

– Jetzt weißt du es.

– Auf diesem Bruder ruhten alle unsere Hoffnungen.

– Alles endete im Fluss.

– Alles war damit beendet.

– Weil er weggegangen war.

– Er hatte uns verleugnet.

– Uns niedergeschmettert.

– In gewisser Weise.

– War es besser, dass er gestorben ist.

– Dass der Fluss ihn verschlungen hat.

– Stell dir mal vor.

– Wenn ihm die Flucht gelungen wäre und wir zurückgeblieben wären?

– Wenn er uns auf schlagende Weise gezeigt hätte.

– Wie unfähig wir waren?

– Dass es einen anderen Weg gab?

– Auch wenn es schmerzt.

– Mit seinem Tod.

– Seinem Verschwinden.

– Wurde alles leichter.

– Der Fluchtweg war versperrt.

– Der Durchgang.

– Die Tür schnappte zu.

– Und wir blieben.

– In Sicherheit.

– Natürlich dachten wir manchmal.

– An sein Opfer.

– An den Preis, den wir dafür zahlen mussten.

– Um zu bleiben.

– Am Leben zu bleiben.

Und während ich erzählte, sah ich mich am Flussufer, die Nacht brach gerade an, und ihr Lächeln verschwand – der Schatten eines Lächelns, ein Trugbild, wie die skizzenhafte Gestalt, die jetzt vorwärts schritt an einem ungewissen

Ort zwischen hier und dort, auf halbem Weg zwischen den Zeiten.

– Du bist zu dir nach Hause zurückgekehrt, aber wir können miteinander sprechen.

– Sie sind hier, sie auch, und ich glaube, dass sie dich sehen, dich hören. Und du?

– Ich sehe sie und ich höre sie.

– Sie haben dir zugelächelt.

– Sie sind alt geworden, sie haben sich verändert.

– Sie haben gelebt.

– Aber heute kommen sie an dieses Ufer und können endlich wieder mit mir zusammen sein. Wir sind uns näher, als wir uns je waren.

– Ich komme mit ihnen.

– Nicht nötig. Dein Platz ist nicht dort.

– Mein Platz ist nicht hier. Ich bin nicht für diese Welt geschaffen, dieses Leben voller Konflikte, Schlachten und Bürgerkriege, ich habe es versucht – manchmal mit Erfolg –, aber man braucht so viel Kalkül, so viele Waffen, die ich nicht habe ... Alles, was ich will, ist Ruhe.

– Du auch.

Ich werde mich neben sie legen, in ihrem Universum ohne Kämpfe bleiben, in dem nichts geschieht, eine Welt ohne Risiko, ohne erdrückende Vergangenheit, ohne beängstigende Zukunft, eine einförmige, ewige Welt – ich werde mich neben sie legen, wie ich es mir manchmal erträumte, die Augen schließen und einschlafen.

Originaltitel:
Cécile Wajsbrot: Mémorial

In dieser Übersetzung erschienen unter dem Titel *Aus der Nacht*
in der Liebeskind Verlagsbuchhandlung, München 2008

Bibliografische Information der Deutschen Nationalbibliothek

Die Deutsche Nationalbibliothek verzeichnet diese
Publikation in der Deutschen Nationalbibliografie;
detaillierte bibliografische Daten sind im Internet über
http://dnb.d-nb.de abrufbar.

www.wallstein-verlag.de
Vom Verlag gesetzt aus der LD Fabiol Pro
Umschlaggestaltung: Wallstein Verlag, Göttingen
Druck und Verarbeitung: Pustet, Regensburg

ISBN 978-3-8353-5528-6